Julia und Nina Meise
mit Alice Huth

Zu zweit ist man weniger allein

Julia und Nina Meise
mit Alice Huth

Zu zweit ist man weniger allein

Von Seelenverwandtschaft,
Verwechslungsgefahr
und großen Zielen

Bibliografische Information der Deutschen Nationalbibliothek
Die Deutsche Nationalbibliothek verzeichnet diese Publikation in der Deutschen Nationalbibliografie. Detaillierte bibliografische Daten sind im Internet über http://dnb.d-nb.de abrufbar.

Für Fragen und Anregungen:
info@mvg-verlag.de

1. Auflage 2017

© 2017 by mvg Verlag, ein Imprint der Münchner Verlagsgruppe GmbH,
Nymphenburger Straße 86
D-80636 München
Tel.: 089 651285-0
Fax: 089 652096

Alle Rechte, insbesondere das Recht der Vervielfältigung und Verbreitung sowie der Übersetzung, vorbehalten. Kein Teil des Werkes darf in irgendeiner Form (durch Fotokopie, Mikrofilm oder ein anderes Verfahren) ohne schriftliche Genehmigung des Verlages reproduziert oder unter Verwendung elektronischer Systeme gespeichert, verarbeitet, vervielfältigt oder verbreitet werden.

Redaktion: Antje Steinhäuser
Umschlaggestaltung: Marc-Torben Fischer
Umschlagabbildung: © Nils Schwarz
Satz: Daniel Förster, Belgern
Druck: GGP Media GmbH, Pößneck
Printed in Germany

ISBN Print 978-3-86882-774-3
ISBN E-Book (PDF) 978-3-96121-007-7
ISBN E-Book (EPUB, Mobi) 978-3-96121-008-4

Weitere Informationen zum Verlag finden Sie unter

www.mvg-verlag.de

Beachten Sie auch unsere weiteren Verlage unter *www.m-vg.de*

Inhalt

Vorwort 9

I Rich Kids 13

Eins zu Eintausend 13
You 'n Me 14
»Nach dir!« 17
Early Baby Birds 19
»Widdewidde wie sie uns gefällt« 25
Anderwelten 30
Megamodels 32
Der Tag, an dem Mama ging 37
Undercover-Punks 39
Fashion Rebel 43
Eierwurf zu Niederseelbach 48

Ich und Wir 52

Ticks 'n Tricks 55

Cindy Crawford und wir 57

Jungs, Jungs 63

Ein anderes Leben 67

Catwalk 70

II Nine-to-five 75

Ticket in die Freiheit 75

Virtual Reality 78

Sprungturm 87

You got to know this 92

Kleines Mode-ABC 101

Das Lächeln der ratiopharm-Zwillinge 105

III Fly away with me 115

Staffelholz 115

Ins Licht 116

Rudys Paradise 122

Richtig mieses Material 129

Von Hunden und Menschen 132

Shari 137

Moderatoren für morgen 139

IV Berlinstorys 145

»Janz alleene« 145
Bettgeschichten 155
Porno 162
Old love 165
Alex und Alex............................. 171
Licht und Luft 176

Nachwort 181

Our Twin Life: Read on 184

Vorwort

»Unteilbar sind nur Primzahlen.«

»Jedes Band wird irgendwann zerschnitten.«

»Nichts ist für die Ewigkeit. Einmal müsst auch ihr beide euch trennen – wahrscheinlich wegen eines Mannes.«

Wie oft haben Julia und ich in den letzten dreißig Jahren solche Sätze zu hören bekommen? Die Aussage blieb stets dieselbe, auch wenn Wortwahl und Tonfall variierten: süßlich, schadenfroh oder mit der leisen Überheblichkeit desjenigen, der sich für klüger hält als seine Mitmenschen.

Es begann im Kindergarten, als eine Erzieherin unseren Eltern antrug, uns in verschiedenen Gruppen unterzubringen, nämlich bei den »Maulwürfen« und den »Haselmäusen«, und zog sich wie ein roter Faden durch unser Leben, über die Schulzeit und das Studium bis in unsere Zeit als Models und Werbeträger.

Und es hörte nicht auf wehzutun und uns zu ärgern.

Für uns war das lange unbegreiflich. Menschen verloren jede Zurückhaltung und machten Voraussagen, um die wir nie gebeten hatten. Unsere Gemeinsamkeit war wie ein rotes Tuch für sie.

Nur, woran lag das?

Anfangs dachten wir, es wäre unser Anderssein. Der Umstand, dass wir zwei von tausend Menschen sind, die einen eineiigen Zwilling haben. Dass es uns doppelt gab. Abweichungen von der Norm haben schließlich für viele etwas Beunruhigendes.

Inzwischen haben wir begriffen, dass etwas anderes dahintersteckt: nicht Angst, sondern Sehnsucht. Eine Sehnsucht, die so schmerzlich ist, dass sie geradezu etwas Zerstörerisches haben kann. Wer Joanne K. Rowlings *Harry-Potter*-Romane gelesen hat, weiß, wovon wir reden. Was die Muggel nicht haben können – nämlich Magie – müssen sie beäugen, angehen, abwehren.

In einer Welt, in der das Gesetz der Ellenbogen regiert, ist es offenbar für viele ungeheuerlich, vor aller Augen Hand in Hand zu gehen. Es kam uns mitunter vor, als müssten wir regelrecht bestraft werden.

Es hat dreißig Jahre gedauert, bis Julia und ich immun geworden sind. Heute haben wir uns von dem »bösen Blick« befreit. Düstere Prophezeiungen können uns nichts mehr anhaben.

Wenn man uns fragt, was wir im Leben machen, erwidern wir mit einem Lächeln: »Wir sind Zwillinge.«

Julia und ich haben unsere Berufung zum Beruf gemacht: Nur zusammen sind wir stark und erfolgreich. Wir sind die bekanntesten Zwillinge Deutschlands in der Werbebranche, und in den sozialen Medien haben wir Tausende Follower. Junge Mädchen verfolgen die Abenteuer der »Meisen auf Reisen« auf Instagram und Facebook. Unsere Botschaft ist so einfach wie bestechend. Sie lautet: Sei du selbst.

In der Welt der Werbung und der Mode, die voller Zerrspiegel, falscher Stiefmütter und armer unsicherer junger Dinger ist, hilft sie, sich zurechtzufinden. Julia und ich sind keine siamesischen Zwillinge. Wir haben vier Augen, vier Ohren und zwei Herzen, die nicht immer im Gleichtakt schlagen. Wir sind selten einer Meinung. Und doch sind wir nur vollständig, wenn wir zusammen sind.

Unteilbar sind nur Primzahlen.

Wir sind unzertrennlich.

Es mag paradox klingen, aber die Entscheidung, füreinander da zu sein, hat uns befreit.

Dieses Buch ist unser Plädoyer für mehr Zusammenhalt.

1
Rich Kids

Eins zu Eintausend

Was ist Glück? Die Chance auf sechs Richtige im Lotto beträgt 1 zu 1,15 Millionen. Stellen Sie sich vor, Sie haben einmal im Leben richtig Glück gehabt, den Hauptgewinn gezogen. Und dann?

Kennen Sie die Geschichte des Postboten, dem Glück und Reichtum Pech und Elend bringen? Mit siebenundzwanzig Jahren füllt er einen Lottoschein aus, gibt ihn ab und gewinnt sieben Millionen Mark. Er feiert, schenkt und investiert, krempelt sein Leben um – und ist knapp zehn Jahre darauf ein armer Mann, Hartz-IV-Empfänger.

Die Chance, mit einem eineiigen Zwilling aufzuwachsen, liegt bei 1 zu 1000. Ein Glücksfall? Ja – wir haben nie daran gezweifelt. Wir sind mit einem Sechser in der Naturlotterie zur Welt gekommen – aber das bedeutet nicht, dass es immer nur einfach war, zu zweit zu sein.

Vielleicht brauchen wir Talent zum Glücklichsein. Die Gabe, das zu sehen, anzunehmen, was uns mitgegeben wird. Und die Kraft, dazu zu stehen. Wir glauben, Glück ist keine Rechenaufgabe. Es ist eine Frage der Haltung.

You 'n Me

Was war zuerst da, das Huhn oder das Ei?

Haben wir uns tatsächlich entschieden, immer füreinander da zu sein, oder haben wir es hingenommen, wie man sich etwa damit arrangiert, dass auf den Frühling der Sommer folgt und auf den Sommer der Herbst und dass der Winter immer länger dauert, als dir lieb sein kann?

Es war beides.

Und es war nicht leicht.

Julia:

Meine erste Erinnerung bist du. Nicht Mama oder Papa. Dein kleines blasses Gesicht, deine blauen Augen, dein weit offener Mund. Du schreist, die Händchen zu Fäusten geballt, dein ganzer Körper ist angespannt, ein einziger Schrei, ich schreie auch, aus Leibeskräften, wir schreien, als wollten wir nie wieder aufhören, und mein Gefühl sagt, etwas stimmt hier nicht. Irgendwas ist anders, als es sein sollte. Es gibt mich zwei Mal, du bist ich, und du bist immer da und guckst mich an.

Nina meint, ich würde diese Szene nur aus Mamas Erzählungen kennen und hätte sie meiner Erinnerung sozusagen eingemeindet, aber das ist nicht wahr.

Mama lieferte im Nachhinein nur das Setting der Szene: Sie hatte in Wiesbaden einen nigelnagelneuen Zwillingskinderwagen erstanden, in dem wir beide einander gegenübersaßen, und schob uns an einem Samstagvormittag im Frühling durch die Fußgängerzone. Sie dachte, es würde uns gefallen, einander ständig anzusehen, aber das Gegenteil war der Fall. Wir schrien so ohrenbetäubend laut und ausdauernd, dass sie sich nicht zu helfen wusste. Irgendwann kam Oma auf die Idee, uns umzusetzen – hintereinander, wie in einem Omnibus. Sofort war Ruhe.

Diese Szene handelt von jenem Schreckmoment, in dem du deinem Doppelgänger ins Gesicht blickst. Während andere Kleinkinder beginnen, sich selbst in Abgrenzung von ihrer Umwelt wahrzunehmen, spürst du als Zwilling, dass es dich zwei Mal gibt. Was das für die Persönlichkeitsentwicklung bedeutet, mögen Psychologen sagen. Ich weiß nur, dass dieser Schreckmoment und die Liebe zu meiner Schwester untrennbar miteinander verbunden sind. Hat nicht jede große Liebe auch etwas Erschreckendes?

Nina:

Es gibt da diese Schlüsselszene. Julia und ich waren noch nicht mal neun, als Mama ging. Das klingt entsetzlich, und so fühlte es sich auch an, an jenem Morgen, im Flur unseres Einfamilienhauses in Niederseelbach.

Mama war am Vortag ausgezogen, sie hatte uns zurückgelassen, und meine Schwester war vollkommen lost. Als ich im

Schlafanzug aus dem Badezimmer kam, stand sie mit hängenden Armen vor dem Treppengeländer im ersten Stock und weinte. Dicke Tränen liefen über ihre Wangen.

»Julia, was hast du denn?«, rief ich erschrocken.

»Jetzt ist Mama weg!«, schluchzte meine Schwester.

»Das macht doch nichts«, tröstete ich.

»Aber woher sollen wir jetzt wissen, was wir anziehen?«

Da begriff ich.

Mama hatte uns jeden Abend zwei identische Garnituren Kleider über das Geländer gehängt: Unterwäsche, zwei paar Strümpfe, zwei Hosen, zwei Longsleeves und so weiter.

Jetzt war das Geländer blank: ein Sinnbild für das Verlassensein.

Sofort schwang das Zwillingspendel in meinem Inneren aus. Meine Schwester war schwach, also nahm ich meine Kraft zusammen. Sie weinte, also setzte ich ein Lächeln auf. Sie stand da wie festgefroren, also machte ich mich auf den Weg.

Mit zwei großen Schritten war ich beim Schrank und suchte frische Klamotten für uns heraus. Julia sah mich erwartungsvoll an. Dann hörte sie auf zu weinen und zog sich an.

Nun war es entschieden.

Meine Schwester und ich hatten einen Pakt getroffen. Wir würden füreinander da sein, egal, was das Leben für uns vorsah. In dem Spiel von verlassen und verlassen sein machten wir nicht mit.

Nichts kam zwischen uns.

Sollte der Rhein über die Ufer treten und erst Mainz-Kastel, dann Wiesbaden, Naurod und Niederseelbach mitreißen, unsere Schule und die Arztpraxis, in der Papa so viel Zeit verbrachte, und vor allem die Wohnung, zwei Dörfer weiter, in die Mama gezogen war. Julia und ich würden ganz oben in einer schwankenden Pappel sitzen, uns an den Händen halten und das Schauspiel beobachten.

»Nach dir!«

»Du warst schneller. Immer schon. Schon seit dem allerersten Augenblick«, sagt Julia.

Tatsächlich wurde ich als Erste von der Ärztin aus Mamas Bauch gezogen – Sekunden vor meiner Schwester. Eine Frage des Zufalls oder Fügung?

Jedenfalls nahm ich die Rolle der Älteren an und füllte sie aus. Papa behauptet, im Brutkasten hätte ich keinen Moment stillgelegen.

»Du wolltest raus aus diesem Inkubator, das war eindeutig«, sagt er. »Eine Entdeckerin. Deine Schwester war viel ruhiger.«

In den dreiunddreißig Jahren, die vergangen sind, seit Papa vor zwei Brutkästen stand und das Wunder des doppelten Lebens bestaunte, das er gezeugt hatte, hat sich nichts geändert.

Julia und ich sind unseren Rollen treu geblieben. Ich bin laut, schnell und manchmal unbedacht. Wenn ich im Wilden Westen leben würde und meine Zunge ein Colt wäre, müssten meine Mitmenschen sich schusssichere Westen zulegen. Offen gesagt neige ich zu Querschlägern.

Zum Glück habe ich Julia.

Meine Schwester nimmt sich Zeit. Sie sieht hin und hört zu. Dann formen sich allmählich Gedanken hinter ihrer Stirn, nehmen Gestalt an und marschieren der Reihe nach auf. Julia prüft jeden einzelnen Gedanken auf Herz und Niere, bevor sie ihn in die Welt entlässt. Was sie sagt, wenn sie etwas sagt, ist meistens richtig. Ein Schuss, ein Treffer. Meine Schwester ist viel stärker, als sie denkt.

Ihr Freund Alex – der erste Mann in unserem Leben, der es liebt, Zwillingsrätseln auf den Grund zu gehen – meint, das sei gar nicht verwunderlich. »Eine geht vor«, sagt er, »und die andere ist das Back-up. Die perfekte Symbiose.«

Mir gefällt dieser Gedanke.

Julia gibt mir Deckung. Sie steht aber nicht hinten an. Sie ist nicht die Letzte, genauso wenig, wie ich die Erste bin. Solche Kategorien gibt es bei uns nicht.

Zuerst kommt immer dein Zwilling. Julia – aus meinem Blickwinkel – und ich aus ihrem.

Stellen Sie sich vor, nicht Kate Winslet und Leonardo Di Caprio würden beim Untergang der *Titanic* um ihr Überleben kämpfen, sondern Julia und ich. Die offene See, Eisberge, ein wurmstichiger Holzplanken und ein eineiiges Zwillingspaar. Die Frage, wer diese Situation für sich entscheiden würde, erübrigt sich: der Sieger wäre die See. Julia und ich müssten beide untergehen – und zwar aus einem sehr einfachen Grund: Keine von uns würde sich als Erste auf das Holzbrett ziehen. Wir würden so lange »Nach dir!« sagen, bis der liebe Herrgott uns zusammen zu sich riefe.

Zum Glück würde niemand diese Szene aus *Titanic* mit uns besetzen wollen. Tragik liegt uns nicht besonders – wir sorgen ja schon mit unserem Aussehen für gute Laune.

Aber ich will nicht abschweifen.

Als Ältere mache ich meistens den Anfang. Im Alltag, im Business und auf unseren Trips. Warum sollte es hier anders sein? Julia und ich haben vereinbart, dass ich zu erzählen beginne. Sie übernimmt, wenn sie sich davon überzeugen konnte, dass die Sache läuft. Diese Regelung passt für uns beide. Falls ich mich um Kopf und Kragen rede, falls ich den Karren in den Dreck fahre, wie man so sagt, holt sie ihn wieder raus.

Dafür behält meine Schwester, wie so oft, das letzte Wort.

Ein guter Deal.

Early Baby Birds

Wir waren Frühchen. Das Wort klingt lustig, nach Früchtchen und frühen Vögeln und Frühaufstehern. Als hätte man mehr vom Leben, je eher man damit anfängt. In den Achtzigerjahren waren Frühgeburten mit höheren Risiken verbunden als heute. Unsere Eltern hatten wochenlang Angst um uns.

Der Trouble mit uns Zwillingen hatte allerdings längst begonnen, schon als die Schwestern Mama in den OP schoben.

Zu diesem Zeitpunkt war sie seit ganzen vier Wochen im Krankenhaus unter Beobachtung. Die Schwangerschaft hatte sie ans Bett gefesselt; sie hatte nicht einmal die Erlaubnis, alleine ins Bad zu gehen. Fesseln ist ein gutes Stichwort. Für sie muss Muttersein anfangs wie ein Gefängnis gewesen sein. »Ihr habt mich ja kaum atmen lassen«, sagt sie, »Ihr beide wart das Gegenteil von Freiheit!« Aber ich will nicht vorgreifen.

In den Wochen vor der Entbindung bekam sie Infusionen, die Einstichstelle entzündete sich, der Arm schwoll an und schmerzte.

»Es war einfach entsetzlich!«, erzählt sie oft. »Wenn euer Vater das Fenster öffnete und ein Luftzug über meinen Arm strich, raubte mir der Schmerz den Atem. Ich konnte nicht mal schreien, so sehr tat es weh. Dagegen war der Kaiserschnitt ein Klacks.«

Schmerzen. Angst. Und Stress.

Laut Familienüberlieferung war unsere Ankunft in der Welt eine bemerkenswerte Bruchlandung. Bis heute überlegen wir, was dabei zu Schaden kam. Ist es denkbar, dass unsere Eltern einander lieb hatten, bevor wir dazukamen? Dass wir beide ihrer Beziehung Unglück brachten? Diese Vorstellung sitzt tief, sie lässt uns bis heute nicht los. Als Julia und ich klein waren, verhielten wir zu Hause so still wie möglich, ganz nach dem Motto: nur kein Trouble. Mama sagte oft: »Setzt keine Kinder in die Welt«, und jedes Mal tat es ein bisschen weh. Wohlweislich hielten wir die aberwitzigen Ideen und Einfälle, die wir im Doppelpack ausbrüteten, vor Erwachsenen geheim. Wir gaben uns vernünftig, zwei kleine lustig anzusehende Erwachsene. Julia und ich wollten brave Mädchen sein, und zugleich langweilte mich nichts so sehr wie dieses Wörtchen, das Erwachsene erfunden haben mussten: *brav*.

Zwei Tage vor der Entbindung hatte Papa seine Arztpraxis im nahe gelegenen Städtchen Naurod eröffnet. Das war mutig und unbedacht zugleich – es hieß, dass er Mama mit uns beiden alleineließ. Sie war eine auffallend schöne, gepflegte Frau – sie ist es immer noch –, und die Vorstellung, nonstop Windeln zu wechseln und gleich zwei unersättlichen Babys die Flasche zu geben, kann ihr nicht behagt haben. *Wie* anstrengend wir wirklich waren, begriff sie allerdings erst mit der Zeit. Die meisten Zwillingsmütter haben ab dem Moment Unterstützung, in dem sie nach Hause kommen – Au-pair-Mädchen etwa, oder hilfsbereite Großeltern. Mama aber war mit uns allein.

Kaum hatte man uns aus der Klinik entlassen, erkrankten wir beide an Keuchhusten. Wir husteten Tag und Nacht, abwechselnd, das ganze Haus roch säuerlich nach erbrochener Milch, und Mama fühlte sich wie die letzte Frau auf einem stinkenden, sinkenden Schiff. Wenn wir endlich einmal beide schliefen, hielt die Angst sie wach. Zwillinge und Frühchen sterben häufiger am plötzlichen Kindstod.

Wenn Mama von dieser Zeit erzählt, kommen ihr heute noch die Tränen.

»Jede Nacht lag ich neben eurem Bettchen auf dem Boden und versuchte, irgendeine Regung auszumachen, die verriet, dass ihr am Leben wart. Im Schein des Babylichts sahen eure Gesichter bläulich aus, ich betrachtete euch, und plötzlich war die Panik da, ich wollte, dass ihr aufwacht, augenblicklich, der Drang euch zu wecken war übergroß, und es war nur eine Frage von Minuten, bis ich aufsprang und zu eurem Vater lief: ›Sie atmen nicht mehr. Komm schnell, die Zwillinge rühren sich nicht mehr!‹«

Julia und mir tut das leid.

Und wir wundern uns.

In unserer Erinnerung war Mutti schön, unnahbar und unberechenbar. Aber liebevoll? Mütterlich?

»Siehst du, Mama hat uns lieb gehabt«, beharrt Nina.

»Sie hat über unseren Schlaf gewacht. So etwas tun liebende Mütter.«

Ich zucke die Schultern.

Wenn sie uns liebte, warum hat sie uns dann so früh verlassen? Warum hat sie so wenig mit uns gelacht und sich so oft über uns geärgert?

Vielleicht war die Angst im ersten Jahr derart übermächtig, dass sie die Mutterliebe einfach unter sich begrub. Sicher ist, dass Mama überfordert war.

Sie und Papa hatten ein Reihenhaus im Neubaugebiet von Niederselbach bezogen, einem Dorf im Taunus, das direkt an der A3 liegt. In unserem Heimatdorf ist das Wort »Hintergrundrauschen« erfunden worden. Dort war nie Ruhe, nicht mal nach dem Bau der heiß ersehnten Lärmschutzmauer.

Die Siedlung gehörte nicht zum alten Baubestand, als Mama und Papa einzogen, und vielleicht blieben sie deshalb für die Alteingesessenen immer »Zugezogene«.

Das Dorf lag im Tal, wir lebten am Hang. Die Häuser unserer Siedlung standen da wie brave Zinnsoldaten, flankiert von Gartenzwergen und Jägerzäunen.

Unser Haus war ein »Sandwich-Haus« und rückseitig wurde es von der nächsten Reihe bedrängt. Wirklich, es war immer dunkel. Der Lichteinfall war dermaßen spärlich, dass du im Wohnzimmer nur raten konntest, ob Morgen, Mittag oder Abend war, ob die Sonne aufging, hoch am Himmel stand oder am Horizont verglühte. Vielleicht ist das der Grund, warum mir Helligkeit und Sonnenlicht heute so wichtig sind. Als Julia und ich zum ersten Mal in Kapstadt waren, fühlte ich mich, als wäre ich endlich, endlich angekommen: an meinem Sehnsuchtsort. In Kapstadt fiel mir alles leicht. Alles war so leicht und selbstverständlich wie das Luftholen! Luft, Liebe, Leben, Licht und Leichtigkeit. L-Wörter mag ich!

Aber Kapstadt ist ein anderes Kapitel, und Julia wird davon erzählen.

Zunächst geht es noch einmal zurück ins Enge – in die Niederseelbacher Dorftristesse. Mama und Papa hatten statt eines Jägerzaunes eine niedrige weiße Steinmauer errichten lassen. Trotzdem ging ihr Häuschen in der Menge unter.

Erst, wenn man eintrat, sah man den Unterschied. Unser kleines Reihenhaus war prunkvoll eingerichtet: Goldene Messingknöpfe auf einer samtbezogenen Garderobe, schwere, herrschaftliche Mahagonimöbel. Heute schmunzeln Julia und ich darüber. Das war, als würdest du eine Promenadenmischung auf Königspudel trimmen lassen.

Unsere Eltern wollten nicht auffallen. Sie legten immer Wert darauf, dass alles »funktionierte«. Aber tief in sich müssen sie einen geheimen Wunsch gehegt haben: den Wunsch, jemand Besonderes zu sein.

Wenn Julia und ich heute »Inventur« machen, bleibt nicht viel übrig von dem Familienglück der ersten Jahre, als Mama und Papa noch zusammen waren. Wir machen gern Bestandsaufnahmen. Es hilft uns beiden, klar zu sehen, und auch klarzukommen. Meistens dauert es eine ganze Weile, bis wir die Fakten sortiert und bewertet haben.

In diesem Fall hingegen ist das Ergebnis eindeutig und unumstritten: Es mangelte unserer Familie nicht an Ansehen. Papas Arztpraxis lief gut, und Mama wurde auf der Straße mit »Frau Doktor« angesprochen. Materiell ging es uns vieren gut. Woran es mangelte, war Liebe und Kommunikation. Mama und Papa haben sich nicht geliebt, und Papa verbrachte so viel Zeit wie möglich in der Praxis. Wir hatten oft das Gefühl, Mama zur Last zu fallen. Wann immer sie auf uns angesprochen wurde, antwortete sie mit einem Stöhnen. »Sie glauben gar nicht, wie schwer das ist. Die beiden sind so anstrengend, eine Katastrophe!«

In gewisser Weise ähnelte unsere Familie einer Filmkulisse: Eine hübsche, frisch verputzte Fassade, Geranien und blütenweiße Gardinen in den Fenstern. Dahinter vermutest du Wärme und Behaglichkeit, aber der Schein trügt.

Mama und Papa haben sich nicht geliebt – jedenfalls nicht in jener Zeitrechnung, die mit unserer Geburt begann. Sie konnten einander nicht einmal leiden; aber sie stritten auch nicht. Sie lebten wie in einer Wohngemeinschaft – zusammen und doch jeder für sich allein.

Je kühler die Stimmung zwischen unseren Eltern war, desto mehr wärmten Julia und ich einander – im übertragenen, aber auch im wortwörtlichen Sinn: Unsere Betten standen zwar an gegenüberliegenden Wänden, aber wir haben nicht eine einzige Nacht getrennt geschlafen. Jeden Abend schlüpfte die eine zu der anderen unter die Decke. Vorher kniete ich mich vor das Nachttischchen, zog die oberste Schublade auf und nahm unsere gemeinsame Hello-Kitty-Spardose heraus. Ich öffnete sie und zählte beinahe andächtig alle Markstücke und Pfennige. Auch wenn sich seit Tagen nichts an der Höhe unserer Ersparnisse geändert hatte, verkündete ich meiner Zwillingsschwester jeden Abend voller Aufregung den Geldbetrag wie einen Wasserstand. In dem Maße, in dem unser Erspartes anstieg, fühlte ich mich freier. In dieser Dose war nicht einfach etwas Kleingeld. Darin war unsere Zukunft – out of Niederseelbach!

»Hundertfünfunddreißig Mark, Julia«, rief ich etwa. »Das heißt, noch drei Mal Taschengeld, dann haben wir zweihundert! Das tragen wir dann gleich zur Bank und zahlen es auf unser Sparbuch ein!«

Manchmal sage ich so was heute noch, dann brechen wir in Lachen aus.

»Nina«, neckt mich Julia, »wenn wir nicht Zwillingsschwestern wären, wär ich womöglich Apothekerin – aber du wärst Bankkauffrau!«

Wir wissen beide, dass ich in einer Bank unglücklich wäre. Geld hat mir nie viel bedeutet, und doch war unsere rosarote Hello-Kitty-Spardose ausgesprochen wichtig. Sie war der Grundstein unserer Freiheit. Wir wollten künftig niemandem auf der Tasche liegen, unseren Eltern nicht und sicher keinen Männern. Bloß nicht!

Viel später, nach Mamas Weggang, haben wir uns oft gefragt, ob sie nur so lange geblieben war, weil sie noch keinen Job hatte, und Angst, allein nicht zu bestehen.

Man hört oft, Frühchen würden einen besonders starken Lebenswillen entwickeln. Für Julia und mich galt das. Wir wuchsen und gediehen prächtig – sogar im Niederseelbacher Schattenland. Wir heckten Pläne aus und träumten von der großen Freiheit.

Leben lag uns, ganz eindeutig.

»Widdewidde wie sie uns gefällt«

Julias Freund Alex sagt: »Ihr seid aufgewachsen wie Pippi Langstrumpf.«

Pippilotta Viktualia Rollgardina Pfefferminz Efraimstochter Langstrumpf hat orangerote Zöpfe und Sommersprossen und trägt verschiedenfarbige, ständig rutschende Kniestrümpfe. Ihre Mutter ist früh gestorben, ihr Vater schippert über die sieben Weltmeere und sie teilt sich die Villa Kunterbunt mit einer Meerkatze und einem Apfelschimmel.

Ganz ehrlich, so wie Pippi hätten wir nicht leben wollen.

Was also verband uns Arzttöchter mit ihr?

Die Antwort lautet: Freiheit.

Julia und ich durften aufbleiben, so lang wir wollten. Im Sommer spielten wir auf der Gasse, bis alle anderen Kinder nach Hause gerufen worden waren. Im Licht der Straßenlaterne hüpften wir unermüdlich im Hickelkasten. Wir schaukelten auf dem Spielplatz, bis der Mond am Himmel stand und alles in ein weiches Licht tauchte. Oder wir rannten über die Felder.

Heute weiß ich, dass Julia und ich damals dieselbe Fantasie hatten. Wir dachten, dass uns niemand suchen würde, wenn wir nicht von selbst nach Hause kämen. Sie würden es nicht mal bemerken, wenn wir fehlten. Natürlich war das Unsinn – aber die Vorstellung ist bezeichnend: Zum einen fühlten wir uns nicht genug beachtet. Und zum anderen vollkommen frei.

Wir durften ewig wach bleiben, und wir durften essen, *was* wir wollten, *wann* wir wollten. Wahrscheinlich war unser Haus bei den Nachbarskindern wegen des Süßigkeitenschrankes, der immer offenstand, so beliebt.

Außerdem waren wir unabhängig. Julia und ich spielten, wozu wir Lust hatten. Wer wollte, schloss sich uns an, und wer nicht wollte, ließ es bleiben.

Ich weiß noch, dass viele Nachbarsmädchen für »Hanni und Nanni« schwärmten. Wir verstanden nicht, warum. Zwillingsstreiche kannten wir aus dem Effeff, und die Vorstellung, in einem Internat zu leben, erfüllte uns mit Grauen. Wir wollten in die große weite Welt und nicht in ein piefiges altes Landschulheim. Unser Ding war Barbie.

Julia und ich besaßen zwei identische hellblonde Barbies, zwei Barbietraumvillen und zwei Barbieautos (rot lackierte Cabriolets), Barbiekassetten und Barbiebücher. Unser Kinderzimmer war eine Barbieinsel, ein Plastik gewordener Kleinmädchentraum. Barbie sah aus wie ein Supermodel, sie war wunderschön, und wir fanden uns in ihr wieder – schließlich gab es sie in millionenfacher Ausführung. Wenn man so wollte, hatte sie unendlich viele Zwillingsschwestern.

Kein Wunder, dass sie glücklich war.

Irgendwann kam jemand auf die Idee, uns »Ken« zu schenken: Barbies Freund. Ken war ein Mann, und er kam allein. Seine Anwesenheit in Barbies rosarotem Reich verstörte uns. Was um Himmels willen hatte er dort verloren? Was sollte Barbie mit ihm anfangen?

Eine Zeit lang lag Ken in Barbies Vorgarten wie ein umgefallener Gartenzwerg.

Dann verschwand er von einem Tag auf den anderen von der Bildfläche. Wie er weggekommen war, blieb rätselhaft.

Niemand vermisste ihn, niemand weinte um ihn oder ließ nach ihm suchen.

Im Gegenteil, es war, als hätte es Ken nie gegeben.

Alles war in Ordnung.

Unsere Welt hatte ihre eigenen Regeln, sie funktionierte nach dem Zwillingsprinzip. Die Zwei war Gesetz. Trotzdem gab es sie, und sie sollen nicht verschwiegen werden: jene Momente, in denen eine von uns davon träumte auszubrechen. Zaghafte Versuche, der ständigen Vergleichbarkeit zu entkommen. Ein Mal einzigartig sein, und zwar allein!

Mit sechs Jahren war meine Exit-Strategie eine getigerte Hornbrille.

Eines Tages beschloss ich, dass ich eine Brille bräuchte. Ich sah hervorragend, aber das war nebensächlich. Ein auffälliges Brillengestell würde mich ein für alle Mal von Julia unterscheiden. Und es würde mir allein gehören. MEINE Brille. MEINS: ein Wort, das Julia ausschloss.

Julia und ich waren bereits so geübt in Täuschungen – wann immer es hilfreich war, nahmen wir die Rolle der Schwester ein –, dass mir das Lügen leichtfiel. Ich würde sogar noch weiter gehen: Nach einer Weile glaubte ich mir selbst, so überzeugend war ich.

»Papa«, sagte ich und kniff die Augen zusammen, »ich sehe kaum noch was. Ich erkenne die Zahlen und Buchstaben nicht mehr, die unsere Klassenlehrerin an die Tafel malt. Ich glaub, ich brauche eine Brille.«

Sofort spürte ich Julias Blick. Sie wusste, dass ich wusste, dass sie wusste, dass ich log.

Egal.

Papa sah überrascht von seiner Zeitung hoch.

»Meinst du wirklich?«, fragte er zerstreut. Dann sah er Julia an. »Du auch, Julia? Hast du auch Probleme mit den Augen?«

Julia schüttelte langsam den Kopf.

»Nein, Papa«, erklärte sie fest. »Genau so wenig wie Nina. Sie sieht gut.«

Mir machte ihr Widerspruch keine Angst. Papa sagte eigentlich nie Nein. Erziehung strengte ihn an, und er hatte längst entschieden, unseren Launen einfach nachzugeben. Ob ich log oder die Wahrheit sagte, war gar nicht so entscheidend.

Ein paar Tage später saß ich bei einem Wiesbadener Optiker und starrte auf wechselnde Zahlenkolonnen. Ich tat so, als könnte ich die letzten drei Reihen nicht erkennen – und der freundliche Mann im weißen Kittel bezifferte meine nicht vorhandene Sehschwäche. Dann nahm er verschiedene Modelle aus den weißen Wandschränken und reichte sie mir. Julia stand mit verschränkten Armen neben mir, während ich mich im Spiegel betrachtete. Wir beide wussten, dass diese Schlacht geschlagen werden musste, und wir beide waren siegessicher.

Schließlich entschied ich mich für das auffälligste Modell: riesig, rund und schreiend bunt. Wenn ich heute daran denke, will ich dem kleinen eigensinnigen Mädchen, das ich war, anerkennend auf die Schulter klopfen: »Bravo, du hast Geschmack bewiesen! Zwanzig Jahre später waren solche Modelle der Renner!« Julia schüttelt immer noch den Kopf, wenn wir darüber sprechen.

Der Moment, als ich aus dem Brillenladen spazierte, war unvergleichlich. Ich fühlte mich einzigartig. Cool und chic. Vor allem aber: anders als meine Schwester, die mit verschlossener Miene zwei Schritte hinter mir hertrottete.

Das Hochgefühl schwand fast so schnell, wie es gekommen war. Julia und ich waren es gewohnt, dass die Leute uns anguckten. Normalerweise zauberte unser Anblick fremden Frauen, Männern und Kindern ein Lächeln ins Gesicht. Jetzt war das anders. Die Blicke wanderten irritiert von mir zu Julia und wieder zurück.

Die Brille auf meiner Nase stiftete Verwirrung. Waren wir nun Zwillinge oder nicht?

Mir gefiel das überhaupt nicht. Ich wollte den Leuten nachlaufen, sie an der Jacke festhalten und ihnen ins Gesicht sagen: »Natürlich sind wir Zwillinge. Der einzige Unterschied ist diese Brille hier, die mir allein gehört.«

Auch in der Schule machte die blöde Brille mir Schwierigkeiten. Schließlich sah ich mit ihr vollkommen verschwommen. Wenn unsere Klassenlehrerin etwas mit Kreide an die Tafel schrieb, schob ich sie möglichst unauffällig auf die Nasenspitze. Das war lästig, aber am meisten störten mich Julias wissende Seitenblicke. Sie sagte nichts – das hatte sie nicht nötig. Sie saß die Sache einfach aus, etwas, auf das sie sich schon immer großartig verstand.

Nach ein paar Wochen verschwand die Brille. Sie folgte Ken – wohin auch immer. Wenn Julia mitreden könnte, würde sie jetzt sagen: »Tu doch nicht so, Nina! Du hast sie verschwinden lassen, das weiß Papa, das weiß ich, und du weißt es am allerbesten.«

Ihr Verdacht ist unbegründet. Ehrlich, ich weiß nicht, was mit meiner Tigerbrille geschehen ist. Irgendwann war sie weg, und ich vergaß sie wieder.

Anderwelten

Meine Schwester und ich lebten in unserer eigenen Welt. Sie mag Nichtzwillingen in etwa so absurd erscheinen wie eine Scheibe, aber das heißt nicht, dass wir nicht über ihren Rand hinauslugten.

Wenn wir bei Freundinnen waren, kamen wir aus dem Staunen kaum heraus. Dort gab es ein geregeltes Familienleben, fremde Riten und Gepflogenheiten.

Ich weiß noch, wie wir uns für das Thema »Abendbrot« begeisterten: Mutter, Vater, Kind sitzen um einen Tisch, das Saure-Gurken-Glas geht von Hand zu Hand und alle reden durcheinander.

Wir fanden das faszinierend.

»Können wir das auch mal machen?«, fragten wir aufgeregt, wenn wir nach Hause kamen. »Abendbrot?«

Ich weiß nicht mehr, was Mama darauf sagte, ja, ich bin nicht mal sicher, ob sie überhaupt da war.

Papa sah uns verständnislos an. »Wenn ihr Lust auf Käsebrote habt, geht doch zum SPAR. Ich geb Euch Kleingeld.«

Irgendwann begannen wir, uns auch für diese rätselhafte Sache zwischen Mann und Frau zu interessieren. Dass da etwas sein musste, hatten wir begriffen, als wir bei unserer besten Freundin zu Besuch waren. Tamaras Eltern pflegten einen merkwürdigen Umgang. Sie lächelten einander an, und wenn sie sich unbeobachtet glaubten (Zwillingen entgeht sehr wenig, sie haben schließlich zwei Paar Augen), tauschten sie wie beiläufig Berührungen aus.

Ein flüchtiger Kuss auf seine Wange, seine Hand, die eine Strähne aus ihrem Gesicht streicht oder sich kurz um ihre Taille legt. Für uns war das wie eine Fremdsprache, klangvoll, aber völlig unverständlich. Wozu um Himmels willen küssten Tamaras Eltern einander zu jeder denkbaren Tageszeit? Warum lächelten sie einander an, obwohl niemand einen Witz gemacht hatte? Teilten sie vielleicht ein Geheimnis? Eine Art Geheimsprache, so wie wir Zwillinge?

In unserem Forscherdrang kamen wir auf die Idee, die Ursituation nachzustellen. Den Kuss, der in unserer Vorstellung am Anfang aller Küsse stand.

»Kannst du deine Eltern bitten, Braut und Bräutigam zu spielen?«, fragten wir Tamara. »Deine Mama könnte irgendwas Weißes anziehen. Und Julia ist die Frau vom Standesamt.«

Wir mochten den Ringtausch, jenen Moment, wenn *er* seiner Liebsten unbeholfen den Ring über den Finger streift, während *sie* ihn beseelt anlächelt – aber noch mehr liebten wir den Kuss, der den Ehepakt besiegelt. Immer und immer wieder schlüpfte eine von uns in die Rolle der Standesbeamtin und verkündete: »Sie dürfen die Braut jetzt küssen!«, immer wieder mussten Rolf und Rita Berger sich vor unseren aufmerksamen Blicken küssen, wir strahlten und applaudierten, wir wollten diesen Kuss in Dauerschleife, wir kriegten einfach nicht genug davon.

Natürlich wären wir niemals (»never, ever!«, würde Julia sagen) auf die Idee gekommen, unsere Eltern um eine derartige

Darstellung zu bitten. Da waren wir durchaus realistisch. Ihr Repertoire gab eine Kussszene nun mal nicht her.

Megamodels

Ich wusste immer, was wir wollten. Typisch, würde Julia sagen. Aber jetzt bin nun einmal ich dran, so lautet unsere Abmachung – und ich wusste immer schon, was das Beste für uns beide war: Wir würden Models werden. Megamodels.

Die Neunzigerjahre waren die Zeit der ganz großen Fashion-Stars: Cindy Crawford, Claudia Schiffer, Naomi Campbell, Kate Moss. Ihre Geschichten lieferten den Stoff, aus dem meine Träume waren. Bis auf Cindy Crawford, die das Finale des ersten weltweiten Modelcontests »Look of the Year« erreicht hatte, war jede von ihnen entdeckt worden. Claudia Schiffer beim Abtanzen in einem Düsseldorfer Klub, Naomi Campbell beim Shoppen in Covent Garden und Kate Moss im Transitbereich des New Yorker Flughafens JFK. Sie hatten nichts getan, außer sie selbst zu sein, und die ganze Welt liebte sie dafür.

Genau das wollte ich für uns: Wir würden schön sein. Wir selbst sein. Und geliebt werden. Ich sah es deutlich, schon als kleines Mädchen. Es gab nur ein Problem: Wie sollten wir es anstellen, entdeckt zu werden? In Niederseelbach sah niemand das Besondere in uns. Niemand schien auf uns zu warten, nicht einmal unsere eigenen Eltern, die uns zuverlässig am großen Parkplatz beim Limes vergaßen, wenn wir aus dem Sommercamp zurückkehrten. Ein paar Tage vorher hatte man sie über das Datum und die genaue Uhrzeit unserer Ankunft informiert – aber irgendwie gelang es ihnen mit schöner Regelmäßigkeit, nicht in den Reihen der winkenden Mütter und Väter aufzutauchen, wenn der Großraumbus voller sonnenverbrannter und sommersprossiger Kinder einfuhr. Sie waren auch nicht unter den Nachzüglern und Zuspätkommern, die mit quietschenden Reifen einfuhren, aus ihren Wägen sprangen und mit schuldbewusster Miene zu ihren Töchtern und Söhnen liefen, um sie in die Arme zu schließen. Mama und Papa blieben einfach weg – und mit der Zeit gewöhnten wir uns daran. Im dritten Jahr schämten wir uns nicht einmal mehr für sie. Es war nur eine Frage der Zeit, bis ein Betreuer uns nach Hause fuhr oder eine Mutter versprach, noch mal zurückzukehren und uns abzuholen, falls wir in einer halben Stunde immer noch hier stünden. Wenn wir dann heimkamen, begrüßte uns Papa mit freudig überraschter Miene – er hatte einfach nicht mit uns gerechnet. Womöglich hatte er uns nicht vermisst, aber er war glücklich, dass wir da waren. Papa liebte uns, das haben wir immer gespürt. Vielleicht war es mir sogar eine Lehre. Vielleicht verhielt es sich ja mit der großen weiten Welt genau wie mit Papa. Sie wartete nicht auf uns, aber sie würde uns willkommen heißen, wenn wir es wirklich wollten.

Wir müssten uns nur allein auf den Weg machen.

Julia war ein bisschen träge. Nicht, dass sie faul gewesen wäre. Nein, ganz im Gegenteil, auch nicht lahm oder langsam, sie war sogar ausgesprochen schnell, jedenfalls auf der Sandbahn hinter der Turnhalle. Julia war eine Supersportlerin, als kleines Mädchen schon, und verglichen mit ihr war ich eine Riesennull. Jedenfalls in Leichtathletik. Von den Bundesjugendspielen brachte meine Schwester immer eine Ehrenurkunde nach Hause, während meine Zeiten zu schlecht waren für eine Siegerurkunde.

Moment, wie kam ich jetzt darauf? So ergeht es mir, wenn Julia mich nicht korrigiert. Dann gibt ein Wort das andere, die Bilder und Bedeutungen überschlagen sich und purzeln durcheinander, ich assoziiere gewissermaßen im freien Fall, und eben noch in den höheren Gefilden des bildhaften Sprechens, finde ich mich unverhofft auf dem Boden des Buchstäblichen wieder.

Mit »träge« meinte ich, dass Julia nie die treibende Kraft war. Oder selten. Meine zarte blonde Schwester hatte das Naturell eines Medizinballs. Es brauchte Kraft – jede Menge Energie –, um sie in Bewegung zu bringen und für Abenteuer zu begeistern. War sie aber einmal »unterwegs«, hielt sie so schnell nichts auf. Dann konnte ich sicher sein: Wir beide würden unser Ziel erreichen.

Julia war ein bisschen träge – also würde ich sie mitziehen.

Während ich keinen Augenblick an unserer Karriere als Supermodels zweifelte, träumte meine Schwester davon, in einer Apotheke zu arbeiten. Sie mochte das Fluidum: Ruhe und Sauberkeit, Helligkeit und Licht. Die Sorgfalt, mit der Salben angemischt und in Tiegel oder Tuben abgefüllt wurden. Die Apotheke in Idstein, wo ein Freund unseres Vaters arbeitete, war einer ihrer Lieblingsorte. Dort hatte alles seine Ordnung. Und seine Zeit. Es gab keine Hast oder Hektik.

Ich versuchte nicht, sie von ihren Vorstellungen abzubringen. Sollte sie davon träumen, die Hände tief in den Taschen eines weißen Apothekerkittels zu vergraben. Wie wir leben würden, stünde auf einem ganz anderen Blatt. Wir beide würden die Welt erobern, ob es der Welt passte oder nicht.

Zunächst aber hieß es, ausharren. Durchhalten.

Niederseelbach war ein ziemlich dunkles Nest. Außer an den Fastnachtstagen. Da nahm das Kaff Farbe an, die Dorfstraße wurde für den Umzug gesperrt, Schlager erschallten aus riesigen Lautsprechern, Narren warfen Konfetti und Kaugummikugeln von ihren Wägen auf uns Kinder herunter, und Niederseelbach sah aus wie eine einzige Partymeile – jedenfalls in meinen Augen.

Wir waren acht oder neun, als ich entschied, dass meine Schwester und ich als Models auf den Umzug gehen würden. Ich hatte sehr genaue Vorstellungen, welche Utensilien uns bei unserer Verwandlung behilflich wären: bunte, übergroße Sonnenbrillen, Walle-Walle-Schals, Glitzerpullis und ein Kamm, mit dem sich ein blonder Bubikopf zu einer mondänen Mähne auftoupieren ließ.

Nachdem wir uns zurechtgemacht hatten, liefen wir zwei Straßen weiter, Tamara abholen. War sie Fee oder Zauberin? Ich weiß nur noch, wie sie uns anguckte. Unsere Freundin musterte uns kritisch von Kopf bis Fuß.

»Was seid ihr denn?«, fragte sie dann irritiert.

Julia und ich antworteten einstimmig: »Das sieht man doch! Wir sind Models. Megamodels!«

Etwa zur gleichen Zeit verwies ein neues, aufregendes Spiel unsere geliebten Barbiepuppen auf die billigen Plätze.

Julia und ich spielten Laufsteg. Catwalk! Wir leerten unseren Kleiderschrank in einer Ecke neben der Tür unseres Kinderzimmers, holten alle Schuhe aus dem Schrank im Korridor, warfen alles möglichst zufällig auf einen Haufen – wir ahnten schon, dass echte Laufsteg-Stars es sich nicht leisten konnten, zu viel Zeit mit Ordnung zu verschwenden – drehten das Radio auf und liefen mit Riesenschritten diagonal durch den Raum.

Wenn in diesem Moment eine Person die Straße entlanggekommen wäre, die alte Frau Schmidt zum Beispiel, hätte sie zwei blonde Mädchen in bunten Kleidern erspähen können, die, die Hände in die mageren Hüften gestemmt, am Fenster posten und mit möglichst unbeteiligter Miene in die anbrechende Dunkelheit starrten. Alles, worauf es ankam, war die richtige Attitude – das hatten wir bereits begriffen.

Wenn unser Vater aus der Praxis nach Hause kam, bestürmten wir ihn an der Haustür: »Papa, du musst uns bewerten! Wir machen einen Model-Contest. Nur eine kann gewinnen!«

Papa gab einen miserablen Preisrichter ab. Er war überhaupt nicht locker. Und er war parteiisch. Ich erinnere mich nicht daran, dass er mich auch nur ein einziges Mal zur Siegerin erklärt hätte – dabei lief ich viel sicherer über den Laufsteg als meine Schwester. Ich war auch cooler als sie.

Papa sagte jedes Mal das Gleiche, nur der Wortlaut variierte, und jedes Mal setzte er diese alberne zerknirschte Miene auf. Heidi Klum würde ihm für die Performance kein Foto geben, wenn ich das mal sagen darf. Aber ich will nicht abschweifen. Papa sagte also jedes Mal in etwa den gleichen Text auf, und es klang jedes Mal ziemlich einstudiert:

»Ihr seid beide ganz großartig! Wirklich, Ihr verdient beide den ersten Platz bei diesem Contest, Kinder.«

Auch unsere Reaktion kam immer prompt und ausnahmsweise unisono: »Aber Papa! Nur eine kann gewinnen! So geht das nicht!«

Jetzt wirkte unser Vater richtiggehend unglücklich. Nach einer Pause, in der er sich zu sammeln schien wie vor einer schweren Prüfung, sah er von einer zur anderen: »Ihr wart beide großartig! Aber ...«, mit Daumen und Zeigefinger bedeutete er, wie minimal der Unterschied ausfiel, »Julia war ein klitzekleines bisschen besser.«

Die Wangen meiner Schwester begannen zu glühen. Sie strahlte. Papa weiß eben, was gut ist, sagte ihre Miene. Das war einer der wenigen Momente, wo Julia wirklich selbstzufrieden wirkte.

Das macht er nur wegen dir, dachte ich. Er will dich schonen. Falls er aber tatsächlich meint, was er sagt, hat er leider kein gutes Auge. Leider, leider hat er überhaupt gar keine Ahnung vom Modelbusiness. Ihr werdet schon sehen...

Noch bevor Papa Julia unbeholfen die imaginäre Goldmedaille umhängen und ihr als Siegerin einen Vertrag bei der angesehensten deutschen Modelagentur versprechen konnte, hatte ich mich abgewandt. Die tröstende Hand auf meiner Schulter konnte der Gute sich sparen: Ich würde einfach noch besser werden!

Der Tag, an dem Mama ging

Mit dem Tag, an dem Mama ging, ist es so eine Sache. Kennen Sie diese Abrisskalender? Klein und kompakt, dreihundertfünfundsechzig Blätter, eines für jeden Tag, mit je einer Lebensweisheit oder einem Aphorismus. Papa, Julia und ich haben einfach eine Seite ausgerissen und weitergeblättert. Der Tag, an dem Mama ging, fehlt. Das ist furchtbar traurig.

Ich sehe Mama nicht mit wildem Blick Klamotten aus dem Schrank reißen und in ihren Koffer stopfen, und ich erinnere mich nicht daran, dass Papa und sie gestritten hätten. In mir wird es ziemlich still, wenn ich versuche, in mich hineinzuhorchen, um den Tag zu finden, an dem Mama ging. Das ist ungewöhnlich für mich: diese innere Ruhe. Da ist gar nichts, kein Sturm, kein Lüftchen, nichts. Totale Flaute. Wie kann das sein?

Ich fürchte, ich weiß nur, was nicht war: Keine von uns klammerte sich weinend an Mamas Beine und bettelte, sie möge bleiben, keine lief ihrem roten Golf hinterher, als er langsam die Straße entlangrollte und um die Ecke bog. Ich meine, ich sehe ihn ja nicht einmal, den Golf.

Ich sehe Mama nicht.

Und Papa?

Papa schrie nicht herum, als seine Frau aus dem Haus trat, er weinte nicht, er rauchte nicht Kette und leerte nicht zwei Flaschen Rotwein, nachdem sie gegangen war. Was hat er gemacht?

Ich meine, wo war er eigentlich, als Mama ging?

Wo waren wir, Julia und ich?

Meine Schwester weiß auch nicht mehr als ich, sie hat keine Erinnerung an diesen Tag, und sie ist sehr viel aufmerksamer, sie ist besser im Beobachten als ich und hat ein ausgezeichnetes Gedächtnis: Sie legt alles ordentlich ab, in den Fächern ihrer Erinnerung, ein bisschen wie eine Apothekerin. Alles wird etikettiert und kommt an seinen Platz, damit es ja nicht unverhofft woanders wieder auftaucht.

Jedenfalls weiß Julia auch nicht mehr als ich.

Das muss heißen, niemand war zu Hause, an dem Tag, als Mama ging. Es gab keine Szene, die unsere Nachbarn hinter halb zugezogenen Gardinen hätten beobachten können.

Mama ging und wir blieben. *Bitte, Mama, bleib bei uns.* Dieser Satz blieb ungesagt. Dieser Gedanke blieb ungedacht. Erst heute wird mir das richtig bewusst, während ich erzähle, über zwanzig Jahre später. Wie traurig diese ganze blöde Niederseelbacher Sachlichkeit ist.

Ich möchte unsere Mutter anrufen – die heutige Mama, mit der wir viel besser auskommen als früher, und die sich aufrichtig für unsere Themen interessiert – ich möchte sie also anrufen und sagen: »Mama, weißt du was, es ist doch schade! Mir tut es furchtbar leid, wie das gelaufen ist mit uns.«

Niederseelbach war kein Ort für sie – dort wäre sie nie, niemals glücklich geworden. Ich fürchte, bei uns zu Hause war kein Ort für sie. Julia und ich kamen besser mit Papa aus. Wir waren *Daddys Girls*, auch wenn unser zurückhaltender, etwas altmodischer Vater mit diesem Ausdruck rein gar nichts anzufangen wüsste.

Womöglich fühlte Mama sich schlicht und einfach ausgeschlossen.

So sehe ich das heute.

Für das selbstbewusste, kämpferische kleine Mädchen, das ich gewesen bin, war es anders. Mama war weg. Also mussten wir das Beste daraus machen. Ich musste Julia nur ein bisschen helfen. Es würde alles gut werden. Etwas ging zu Ende und etwas anderes begann. Was zu Ende ging, war die Zeit des »So-tun-als-ob«. Was begann, war eine Zeit der Ehrlichkeit. Wir drei würden schon klarkommen. Papa, Julia und ich.

Undercover-Punks

Ein paar Jahre lang sahen wir unsere Mutter kaum. Erst, als wir Teenies waren, kam sie zurück in unser Leben. Es gab keinen wöchentlichen Mama-Tag, keine Routine, aber ab und an fuhr sie uns zum Tennisunterricht nach Niedernhausen oder ging mit uns zum Arzt. Inzwischen gab es Themen, die sich wie Seile über den Abgrund des langen Schweigens spannen ließen. Kosmetik. Mode. Trends. Es war ein Balanceakt, aber meistens glückte er.

Julia und ich wirkten auf den ersten Blick wie äußerst umgängliche Teenager. Wir knallten keine Türen, rauchten kein Gras und hörten keinen Punkrock. Das brauchten wir auch nicht. Es wäre uns nie in den Sinn gekommen.

Meine Schwester und ich waren Undercover-Punks. Ich meine: *Pippilotta Viktualia Rollgardina Pfefferminz Efraimstochter Langstrumpf was a Punk*. Genau wie wir. Das Zwillingsein war unser Zwergstaat, autokratisch, anarchistisch, frei. Souveränes Territorium. »Draußen« bewegten wir uns unauffällig – und oft gesetzlos. Lehrer, Eltern, Obrigkeiten. Was hatten DIE mit UNS zu tun?

Heute ist mir sehr wohl bewusst, dass unsere Pippi-Langstrumpf-Attitude für die Menschen in unserer Nähe nicht immer leicht gewesen sein kann. Wir lebten nach eigenen Regeln, und zwar vollkommen bedenkenlos.

Wenn ich etwas wollte, setzte ich alles daran, es zu bekommen, und nicht immer waren meine Mittel lauter. Da ist zum Beispiel die Geschichte mit der Zahnspange.

Mit dreizehn Jahren hatte meine Schwester mir etwas voraus. Sie hatte einen richtig ansehnlichen Überbiss. Julias rechter Daumen war früher gewissermaßen Teil ihres Gesichts gewesen, wie ihre Stupsnase oder ihre blauen Augen. Sie hatte mit Hingabe daran genuckelt. Jetzt war es an der Zeit für eine feste Spange.

Mich irritierte diese Aussicht, mehr noch, sie bereitete mir Kopfzerbrechen. Obwohl ich Mama bekniet hatte, war sie nicht bereit gewesen, auch mir einen Termin beim Kieferorthopäden zu vereinbaren. Leider standen meine Zähne kerzengerade. Es sah fast so aus, als würde meine Schwester etwas bekommen, das man mir vorenthielt: Brackets. Kleine feine Metallhalterungen, verbunden mit zarten Drähten. Mein Schwester würde ein silbernes Lächeln haben, und ich nicht.

Das war überhaupt nicht gut.

Ich musste etwas tun, nur wusste ich nicht was.

An einem Dienstagmorgen begleitete ich Mama und meine Schwester zu dem Termin in einer Wiesbadener Kieferorthopädiepraxis. Gegenüber hatte eine Drogerie eröffnet, und während Julia und ich zwischen nörgelnden Kindern und genervten Müttern auf Plastikstühlen hockten und in Illustrierten blätterten, lief Mama rasch über die Straße, um Kosmetika zu besorgen.

Die Sprechstundenhilfe war eine hübsche junge Frau mit neugierigem Blick.

»Sagt mal«, wandte sie sich an uns beide. »Ich hab hier nur einen Termin eingetragen. Julia Meise. Ist das richtig?«

Entschlossen beugte ich mich vor, sodass die junge Frau Julia hinter meinem Rücken nicht nicken sah.

»Nein, nein, ich sollte auch zum Doktor rein«, rief ich schnell. »Mama hat mir auch einen Termin gemacht.«

Sie nickte freundlich.

»Kein Problem, ich trag das nach. Geht einfach zusammen rein.«

Nachdem der Kieferorthopäde Julia in den Mund geschaut hatte, war es an mir. Siegessicher kletterte ich auf den Zahnarztstuhl. Wir würden ja sehen, wer hier das letzte Wort behielt, Mama oder ich.

Julia stand schweigend neben mir, rechtes Standbein, Hüfte eingeknickt. Ihre Haltung sagte: Ich weiß schon, wie das ausgehen wird.

»Du hast Glück«, beschied der Doktor. »Der rechte Schneidezahn, die 52, steht ein bisschen schräg, aber das beheben wir mit einer losen Spange. Du brauchst keine Brackets.«

Ich richtete mich so gut es ging in dem Stuhl auf, dessen Lehne noch abgesenkt war, straffte die Schultern und sah dem Doktor ins Gesicht.

»Doch, doch«, sagte ich ernst. »Das stört wirklich sehr, der schiefe Zahn da oben. Eine lose Spange würde ich nicht tragen. Mama meint das auch.«

»So, so.« Einen Augenblick sah mich der Mann aus zusammengekniffenen Augen an, den kleinen Mundspiegel unentschlossen in der rechten Hand.

»Tja.«

Ich lächelte ermutigend.

Warum machte er jetzt diese endlos lange Pause? Warteten draußen etwa nicht genug Kinder mit schiefen und krummen Zähnen, mit Unterbiss und Überbiss und grauenhaftem Karies? Sollte ich für alle Ewigkeiten auf diesem unbequemen Stuhl sitzen und beten, dass ein Erwachsener einsah, was notwendig und wichtig war?

»Wenn eure Mama meint.« Er dehnte jede Silbe. »Dann lösen wir auch dein kleines Problem mit Brackets.«

Ich strahlte. »Vielen Dank!«

Auf dem Flur – ich hatte unser beider Terminzettel an mich genommen und sorgsam in meiner Hosentasche verwahrt – kam Mama uns entgegen. Zerstreut sah sie von einer zur anderen.

»Da seid ihr ja. Schon fertig?«

Julia nickte. »Ging ganz schnell.«

»Mama, stell dir vor!«, fiel ich ihr ins Wort, so laut, dass die Dame am Empfang sich verwundert nach uns umwandte. »Ich brauche eine feste Spange! Genau wie Julia.«

Genau wie Julia hatte ich als Teenie über ein Jahr lang eine feste Zahnspange. Ich schwöre, ich habe sie mit Stolz getragen.

Fashion Rebel

Im Kindergarten und in der Grundschule hatten Julia und ich den Ton angegeben. Wir spielten, was und wie es uns gefiel, und wer sich uns anschloss, war willkommen.

Das änderte sich in der Förderstufe.

Julia und ich wollten niemandem etwas Böses, und doch nahm man uns beide als Bedrohung war. So sehen wir das heute, so sehe ich es, trotz dieser Wut im Bauch, die aufflammt, wann immer ich in Gedanken in diese Zeit zurückgehe.

Gerade deshalb wollen wir davon erzählen. Dieses Buch ist anders als die Hochglanzbilder, Werbespots und Daily-Life-Clips, die das World Wide Web von uns verbreitet. Unsere Geschichte ist ungeschminkt – sie kommt ohne Styling und Make-up aus, ohne schmeichelhaftes Licht und digitale Nachbearbeitung. Julia und ich wären heute nicht da, wo wir sind, wenn wir nichts erlebt hätten. Ohne Niederseelbach, ohne Mamas Weggang und ohne Stefanies Wut wären wir andere Menschen.

Beginnen wir also mit Stefanie. Das ist keine leichte Aufgabe, ich will Tiefenschärfe, aber ich weiß nicht, ob es mir gelingt, sie unvoreingenommen zu betrachten. Was hat dieses Mädchen in uns gesehen oder nicht gesehen, das sie uns derart bekämpfen musste? Was hatten wir an uns, das sie abstieß und gleichzeitig anzog? Warum konnte sie uns nicht in Ruhe lassen?

Stefanie war ein kräftiges Mädchen, nicht dick, sondern austrainiert, mit schulterlangem, blondem Haar und herben Gesichtszügen. Ihre Wut entzündete sich an Nichtigkeiten. Oft waren es Kleidungsstücke. Julia und ich verschlangen die Styling-Tipps aus der *Mädchen* und der *Girl* auf der Suche nach unserem eigenen Look. Wir brannten für Mode. Wenn wir

Papa dazu gebracht hatten, uns Skater-Schuhe oder einen Eastpak-Rucksack zu kaufen, waren wir überglücklich – solange, bis der nächste Morgen kam. Dann standen wir nebeneinander im Flur, ich drehte und wendete mich vor dem Spiegel, Julia aber sah mich skeptisch an. Sie fragte sich, ob wir es wirklich wagen sollten. Das Problem war nicht das Teil an sich – das war auf dem Schulhof bereits dutzendfach zu sehen, wenn wir Papa endlich überzeugt hatten, wie unentbehrlich es in unserem Kleiderschrank wäre; Grundausstattung sozusagen. Das Problem waren wir, als Zwillinge. An uns fiel einfach alles auf, schon, weil es doppelt vorkam. Der Verdoppelungseffekt, den die Werbung gerne nutzt, um Produkte zu lancieren, war auf dem Schulhof manchmal schwer erträglich.

Schließlich siegte das Besitzerglück, oder die Fashion-Lust oder mein Dickkopf, whatever, ich setzte mich durch – »Natürlich ziehen wir das an! Es ist ein Kleidungsstück! Willst du es an die Garderobe hängen, bis es Staub ansetzt?« – und wir wagten uns in die Arena.

Eine Szene ist mir unvergesslich.

Die große Pause war zu Ende, der zweite Gong war schon verhallt und Julia und ich saßen auf unseren Plätzen nahe der Tür. Nach und nach füllte sich der Klassenraum. Als eine der Letzten kam Stefanie herein, sah uns und bellte – sie bellte wirklich, das Wort passt zu ihrer Tonhöhe und Lautstärke – Stefanie bellte also: »Ihr haltet Euch wohl für ziemlich cool mit euren Dutts?! Mal sehn wie lange noch –!«

Mit zwei Schritten war sie bei meiner Schwester und riss ihr das Haargummi vom Kopf, dann war sie bei mir, und hopp, repeat. Wie üblich wurde ihr Auftritt von der Klassengemeinschaft mit gemischtem Interesse aufgenommen: Manche grinsten beifällig, andere starrten betont unbeteiligt vor sich hin. Gegenstimmen? Fehlanzeige.

Und Julia und ich? Meine Schwester kämpfte mit den Tränen. Ich starrte auf meine Hände, die reglos auf der Schreibtischplatte lagen, und schwieg.

Wen mein Redefluss bis hierher nicht abgeschreckt hat, der weiß, dass ich um Worte nicht verlegen bin. Den Mund aufmachen – habe ich nicht behauptet, das sei mir so selbstverständlich wie das Atmen? Ich würde so schnell reden, dass mir darüber ab und an die Luft ausginge?

Warum schwieg ich also, anstatt Stefanies Attacke zu parieren?

Zum einen hatte ich früh gelernt – nicht zuletzt durch Mama, die sich oft nicht anders zu helfen wusste, als uns auszuschimpfen –, dass es sinnlos war, Anfeindungen mit gleicher Münze heimzuzahlen. Zum anderen war da ein Gefühl von Überlegenheit. Ich schwieg und dachte: Irgendwann ist Zahltag, Freundin, dann wird abgerechnet.

Das war kein freundlicher Gedanke. Heute sehe ich es anders. Alles kommt zurück, aber nicht in Form des Bumerangs, der dich mit Wucht am Hinterkopf erwischt. Heute glaube ich an Karma – daran, dass jede kleine Handlung irgendetwas auslöst. Dass das Gute, Freundliche sich auswirkt, vielleicht nicht heute, sondern morgen oder irgendwann, ganz unverhofft. Dass Gutes Spuren hinterlässt, auch wenn sie nicht unmittelbar sichtbar sind.

Damals begriff ich nicht, warum Stefanie ausgerechnet uns als ihre Opfer auserkor – aber heute denke ich, es gab eine Schnittmenge zwischen ihrer Wahrnehmung und meiner Selbstwahrnehmung: Stefanie empfand uns als anders, und sie hatte gar nicht unrecht. Julia und ich waren auch in meinen Augen etwas Besonderes: Wir waren als Zwillinge zur Welt gekommen, wir waren nicht allein, wir waren untrennbar verbunden und würden immer füreinander da sein. Wir hatten etwas, das die anderen vermissten: echte, unverbrüchliche Gemeinsamkeit. Julia und ich waren vom Glück begünstigt, Glückskinder, ganz gleich, wie Mama das gesehen haben mochte, als sie uns damals im Halbstundentakt die Windeln wechselte.

Natürlich wusste ich, dass unser Leben so zufällig entstanden war wie jedes andere: Schuld war eine Verkettung unwahrscheinlicher Umstände: Eine Liebesnacht (äußerst unwahrscheinlich, wenn ich mir meine Eltern so ansah); ein flinkes Spermium, eine teilungswillige Eizelle. Aber wenn ich ehrlich bin, ich meine, ehrlich auch in meiner Selbstbetrachtung, war für mich das Wörtchen »Zufall« synonym mit »Fügung«. Ich weiß nicht, wann ich mich entschieden habe, immer das Spezielle, das Andere in uns zu sehen. Vielleicht war es der Tag, als Mama ging.

Stefanie sah, dass wir anders waren, und insgeheim gab ich ihr recht. Du hast ja recht, du dumme Kuh, wir sind anders als ihr. Die Anfeindungen unserer Mitschüler bestärkten mich in meinem Weg, anstatt mich davon abzubringen.

Ich wollte anders sein. Ich wollte es den andern zeigen. Wenn wir in der Förderstufenzeit gefragt wurden, was wir einmal werden wollten, schwieg ich. Ausnahmsweise ließ ich Julia für uns beide reden.

Und meine Schwester sprach, spielte in Gedanken eine andere Reaktion durch. In Gedanken reckte ich das Kinn, ignorierte den mahnenden Seitenblick meiner Schwester, der mir bedeutete zu schweigen, und sagte laut und deutlich (*Hey, I say it loud, I'm twin and I'm proud*):

»Meine Schwester und ich wollen die bekanntesten Zwillinge Deutschlands werden.«

Nie, niemals hätte ich mich getraut, diesen Satz auszusprechen. Ich wusste, dass ich für einen solchen Satz bestraft würde. Was für eine freche und unwahrscheinliche Aussage. Tatsächlich mag ich sie noch immer. Ich mag unwahrscheinliche Voraussagen. Wahrscheinlichkeiten haben mich nie interessiert, anders als meine Schwester. Meine Zukunftsvision war ein Umkehrschluss nach Adam Riese. Was uns heute zu Outcasts machte, würde uns in zehn Jahren auszeichnen. Die Menschen würden uns dann gerade dafür lieben, dass wir anders waren, so, wie sie uns heute mit Missachtung straften.

Über zwanzig Jahre später wird mir klar, wie wir gewirkt haben. Vor unserem Elternhaus stand ein fetter glänzender Dreier-BMW. Unser Papa war niedergelassener Arzt in Naurod – das war beinahe Wiesbaden, und unter Niederseelbacher Teens galt die Landeshauptstadt als *posh*.

Julia und ich waren in den Augen unserer Mitschüler die *Rich Kids*.

Sie täuschten sich gewaltig.

Papa hatte keineswegs so viel Geld übrig, wie immer alle dachten. Er war ein guter Arzt, aber ein schlechter Geschäftsmann. Ihm fehlte schlicht das Unternehmergen. Er musste durchaus genau überlegen, wofür er das nötige Kleingeld aufbringen konnte und wofür nicht. Papa war nicht geizig und ermöglichte uns alles, was in seinen Mitteln stand, aber dem waren klare Grenzen gesetzt.

Meine Schwester und ich waren keine *Rich Kids*, aber ich hätte mir lieber die Zunge abgebissen, als unsere Mitschüler darüber aufzuklären.

Julia und ich wurden gemobbt, aber wir waren keine Opfer. Ich fühlte mich als Fashion-Rebel, nicht als Mobbing-Victim.

Je offensiver sie uns angingen, desto ruhiger wurden wir. Auf Attacken reagierten Julia und ich mit völliger Reglosigkeit. Man könnte sagen, wir stellten uns tot.

Es ist eine Strategie wie jede andere, sie hat sich im Tierreich bewährt, bei verschiedenen Käfer- und Echsenarten, Opossums und Igeln, aber ich weiß nicht, inwieweit sie meiner Schwester und mir weiterhalf.

Je weniger wir die anderen beachteten, desto aufgebrachter wurden sie. Ignoriert zu werden, ist ja bekanntlich schwer zu ertragen. Unsere Mitschüler müssen gespürt haben, dass wir uns selbst genug waren. Julia und ich fühlten uns nie alleine und verlassen – nicht einmal in jenem merkwürdigen Niemandsland, das man Erwachsenwerden nennt. Die Sorgen und Nöte der anderen waren nicht unsere. Wir müssen ihnen fremd erschienen sein.

Eierwurf zu Niederseelbach

Die Praxis des Eierwerfens hat Tradition: im Jahr 1991, zehn Monate nach seinem Versprechen, die neuen Bundesländer in »Blühende Landschaften« zu verwandeln, wird Helmut Kohl in Sachsen-Anhalt Opfer eines erbitterten Eierwerfers. Der Altkanzler stürmt mit wildem Blick und triefender Krawatte vor und wird in letzter Sekunde von Ordnern zurückgehalten. Der Zwischenfall geht als »Eierwurf zu Halle« in die Geschichte ein. Die Liveaufnahme gehört heute mit Zigtausenden Klicks zu den YouTube-Classics.

1999 besucht Monica Lewinsky anlässlich der Premiere ihres Bestsellers über Bill Clintons *Zippergate* Berlin, wo ein aufgebrachter Bürger sie mit einer Sechserpalette Eier in Empfang nimmt.

Im selben Jahr hält Joschka Fischer in Bielefeld eine Rede für den umstrittenen Kampfeinsatz der Nato und kriegt Ohrenschmerzen: im Begriff, das Podium zu besteigen, hat ihm ein aufplatzendes Farbei das Trommelfell zerrissen.

Julia und ich sind in illustrer Gesellschaft. Kohl, Lewinsky, Joschka Fischer. Diese Menschen haben Zeitgeschichte mitgeschrieben. Julia und ich waren einfach nur da, zwei Mädchen aus Niederseelbach. Zum Glück trafen die Eier nicht uns, sondern die Fassade unseres Elternhauses.

Wir brüteten an einem Abend im Frühsommer im Wohnzimmer über einer Textaufgabe, als es draußen ein paar schnell aufeinanderfolgende Schläge tat.

Hinter Papa liefen wir zur Haustür. Ich sehe es noch vor mir: dreckig-gelbe Schlieren auf der weiß verputzten Hauswand. Am Boden haufenweise Eierschalen. Irgendwer hatte mit Karacho eine ganze Palette roher Eier an der Fassade unseres Elternhauses zerschlagen.

Sofort hatte ich ein Bild vor Augen. Eine Gruppe johlender Jugendlicher. Zielschießen: Wer trifft das Meise-Haus?

Natürlich war niemand mehr zu sehen. Eierwerfen aus dem Hinterhalt, ein Sport für Feiglinge, dachte ich zornig.

Einen Moment lang sagte niemand etwas.

Papa sah von der Wand zu meiner Schwester und mir und wieder zurück.

»Ich glaube, das galt euch«, sagte er langsam, Wort für Wort. Julia nickte, schätze ich, und ich hielt ausnahmsweise mal den Mund.

Soweit ich mich erinnere, war es das einzige Mal, dass Papa unsere Situation ansprach.

Jugendliche hatten unsere Hauswand beschmiert und Papa würde sie wieder abschrubben. Das war ärgerlich, nichts weiter. Ein dummer Streich.

Trotzdem lief es mir kalt über den Rücken. Es war, als wäre eine Grenze überschritten worden. Bedeutsam war das Zeichen an der Wand und nicht der Schaden. Bedeutsam war die Botschaft: Obacht, Meise-Zwillinge. Ihr könnt uns nicht ignorieren.

Damals wusste ich nicht, dass Zwillinge schon im Altertum Aufmerksamkeit erregt hatten. In der Antike, im alten Rom und bei vielen Naturvölkern brachte man Zwillingsgeburten mit dem Göttlichen in Verbindung. Das konnte für die Babys und ihre Mütter fatale Folgen haben – je nachdem, ob die heilige Macht als böse, gut oder ambivalent gedeutet wurde. Oft wurde eine Zwillingsgeburt mit Riten der Reinigung oder Ausgrenzung verbunden. Das Göttliche war *sacer* – und damit tabu, nicht ins Alltagsleben integrierbar.

Zwillinge wurden ausgesetzt, getrennt oder getötet. Sie wurden besungen und verehrt oder versteckt und verbannt. Man mied sie.

Noch heute entzündet sich die Fantasie an uns Zwillingen. Das Doppelgänger-Motiv beschäftigt Autoren und Filmemacher, und taucht in allen Genres auf. Natürlich lässt sich eine Verwechslungskomödie wunderbar mit Zwillingen besetzen. Aber auch im Horrorfilm sind »wir« beliebte Hauptfiguren; man denke etwa an die irre Hedra in *Weiblich, ledig, jung sucht ...* oder an Beverly und Elliot in den *Unzertrennlichen*. Hier wie dort geht es um Verführung und Verhängnis, Abhängigkeit und Macht.

Zwillinge sind Projektionsflächen: sie wecken Sehnsüchte und Ängste.

Julia und ich lebten in guten Zwillingszeiten, in einem guten Zwillingsland und Zwillingsumfeld. Weder das mythische Denken noch das ideologische konnte uns gefährlich werden. Unsere Eltern hatten uns nicht ausgesetzt und niemand wollte uns verbannen. Keiner unserer Nachbarn rief die Götter an, wenn er uns in Niederseelbach auf der Straße traf. Und doch haftete uns etwas sehr Spezielles, vielleicht Fremdes an.

Papa war ein guter Arzt, einfühlsam und klug. Er wusste auch um die Verwundungen der Seele. »Keine Krankheit ist rein körperlich«, lautete einer seiner Standartsätze. Noch immer wird er auf der Straße angesprochen. Feine Damen legen ihm mit echter Rührung in den Augen eine behandschuhte Hand auf den Arm und bedanken sich für seinen Beistand. »Ich weiß nicht, was ich damals ohne Sie gemacht hätte, Herr Doktor!«

Papa lächelt dann und wiegt den Kopf von links nach rechts: »Liebe Frau Schöller. Das war ja selbstverständlich.«

Uns konnte er nicht immer beistehen, jedenfalls nicht so, wie wir es uns gewünscht hätten. Ich glaube, er nahm das alles nicht besonders ernst. Vielleicht dachte er auch, Einmischung würde es nur schlimmer machen.

Seine Zärtlichkeit zeigte sich in den Modellen, die er in der Praxis aus Wattestäbchen bastelte, um uns physikalische Zusammenhänge zu veranschaulichen. Sie drückte sich in Zahlen und Gleichungen aus, in der Geduld, mit der er uns Algebra beibrachte. Keine Aufgabe war ihm zu komplex, kein Unterrichtsthema zu abwegig. Papa las sogar die Deutschlektüren mit. Ich weiß noch, wie er sich für *Effi Briest* begeisterte. Jeder von uns dreien liebte dieses Buch: Julia fand sich selbst in Effis mädchenhafter und verträumter Art wieder, mich fesselte ihr Freiheitsdrang, die innere Revolte, und Papa fand in ihrer Geschichte Grundfragen, die heute noch bedeutend sind: das Leben als Balanceakt zwischen Fremdbestimmung und Selbstbehauptung.

Zärtlich und liebevoll war auch die Art, wie unser Vater uns erzog beziehungsweise nicht erzog: Er ließ uns einfach machen: Papa gewährte uns Freiheiten und stärkte uns als Team. Noch heute erzählt er jedem, der es hören will:

»Die Zwillinge haben sich selbst erzogen!«, und es ist schwer zu sagen, ob der Stolz oder das Staunen in seiner Stimme überwiegt.

Seine Haltung hatte Vor- und Nachteile.

Papa gab uns – bewusst oder unbewusst – das Gefühl, wir beide hätten allen anderen etwas voraus. Wir hatten das Wort »Wir« gepachtet, ein schönes, starkes, unversehrtes Wort, drei Buchstaben, die nur für uns gemacht waren. Julia und ich haben erst spät begriffen, dass auch eine Anmaßung in dieser Haltung liegt.

Ich und Wir

Wir sind immer zu zweit. Zu zweit allein. Nein, wir sind nie allein. Denn wir haben immer uns.

Der Umstand, dass unser Wir so stark war, brachte Julia und mir Scherereien ein. Zugleich hielt er uns davon ab, uns mit anderen gemeinzumachen. Julia und ich sind nie in die Gruppenfalle getappt. Nie haben wir einen Menschen ausgegrenzt und an den Rand gedrängt, nur weil das Gesetz der Gruppe es verlangte. Nie haben wir uns angepasst, nie sind wir innerhalb der Gruppe »aufgegangen«. Gemeinschaftsgefühle sind etwas, das wir als Zwillinge nicht kennen. Eine Grunderfahrung, die uns fehlt. Das Gefühl dazuzugehören, kann Menschen aufrichten und tragen. Aber wenn die Gruppe Einzelnen diktiert, wie sie sich zu verhalten haben, wird es brandgefährlich. Wenn sie zwischen Menschen Grenzen zieht und Gräben aufreißt.

Julia und ich sind eine Gang, der Mini-Meise-Clan, wir waren es von Anfang an – aber immer wieder gibt es Momente, in denen wir uns aneinander reiben, abarbeiten. Ich glaube, diese Arbeit lohnt sich. Es lohnt sich, das »Wir« zu hinterfragen, das Ich und das Du zu suchen, sich selbst und dem anderen immer wieder neu zu begegnen. Nur wer sich selbst noch spürt, auch innerhalb der Gruppe, spürt den anderen.

Damals, in der Mittelstufe, wusste ich das nicht. Ich wusste nur, dass die Wut, die Thorsten traf, viel weniger mit ihm zu tun hatte, als mit denen, die ihn quälten. Das war blinde Wut. Vielleicht ist Wut auch immer blind.

»Opfer« ist ein angesagtes Schimpfwort. »Du Opfer« ist das Schlimmste, was Teenager einander an den Kopf werfen. Mir gefällt das nicht. Es ist wie eine doppelte Bestrafung. Es gibt Täter und es gibt Opfer. Eine Tat macht Menschen zu Tätern, manchmal auch schon eine Unterlassung. Dieselbe Tat, dieselbe Unterlassung macht andere zu Opfern. Wo kommen wir hin, wenn wir Opfern ihr Opfersein zum Vorwurf machen?

In der Theißtalschule traf es den Jungen, der es am schwersten hatte. Thorsten ging in unsere Parallelklasse. Seine Mutter war sehr krank, niemand wusste, wer sein Vater war, und er lebte geschwisterlos im Heim. Es gab noch etwas, das diesen Jungen auszeichnete. Er war klug, viel klüger als wir anderen. Kein Streber, einfach schlau und schnell im Denken. Musste er auch dafür büßen?

Vor den Klassenräumen, wenn alle darauf warteten, dass unsere Lehrer die Tür aufschlossen, lehnte Thorsten an der Wand und las. Immer hatte er sich in ein Lehrbuch oder Heft vertieft und wirkte hoch konzentriert. Die Buchstaben müssen vor seinen Augen Ringelreih getanzt haben, während die Worte von Stefanie und Co. mit aller Deutlichkeit und Schärfe zu ihm durchdrangen. Stefanies beste Disziplin war das In-Hörweite-über-andere-in-der-dritten-Person-Reden.

»Wie sieht Thorsten denn heute wieder aus?«, rief sie. »Die Hose hängt ihm ja in den Kniekehlen. Na ja. Der lebt ja auch im Heim. Die bedienen sich bestimmt aus der Altkleidersammlung.«

Ich werde nie vergessen, wie Thorstens Angst so groß wurde, dass es alle sahen. Wir standen nach der ersten großen Pause vor dem Klassenraum im blauen Korridor. Irgendwer hatte gesagt, Thorsten sei verprügelt worden, und alle Köpfe wandten sich mehr oder weniger offen nach ihm um. Das waren keine netten Blicke. Sondern Sensationsgier und Schaulust, gepaart mit Schadenfreude.

Eine helle Stimme legte sich über das wabernde Gesumm der anderen.

»Sch...ße! Seht euch das an! Der hat sich in die Hose gemacht!«

Jetzt sahen es alle, auch wir, ein dunkler Fleck auf Thorstens Hose, der sich langsam ausbreitete. Ich wusste, dass meine Schwester am liebsten zu ihm gelaufen wäre und ihn getröstet hätte, genau wie ich, aber keine von uns beiden rührte sich.

Minuten später trat unsere Klassenlehrerin dazu, sie berührte Thorsten am Arm und sagte etwas Unhörbares zu ihm. Ihre Worte lösten ihn aus der Erstarrung. Gemeinsam gingen sie den Gang entlang und verschwanden aus unserem Blickfeld.

An diesem Tag kam unser Mitschüler nicht mehr in den Unterricht zurück. Was während der großen Pause auf dem Schulhof geschehen ist, weiß ich bis heute nicht.

Uns warfen sie vor, dass wir neue Kleider anhatten und zu zweit waren und Thorsten warfen sie vor, dass er alte Kleider anhatte – und dass er alleine war. Kinder können grausam sein. Das Schlimme war, dass Thorsten so alleine war. Julia und ich standen unter dem Schutz des Zwillingszeichens, niemand konnte uns zu nahekommen, dieser große Junge aber war verletzlich.

Manchmal frage ich mich, was aus ihm geworden ist. Hat er sein As im Ärmel ausgespielt? In meiner Fantasie leitet Thorsten ein Institut für Quantenphysik, er verfasst wissenschaftliche Aufsätze und ist ein hochgeachteter und viel gelesener Gelehrter. Alle Unsicherheit ist aus seinem Blick verschwunden. Das ist, was ich ihm wünsche.

Die Zeit an der Theißtalschule hat Spuren hinterlassen. Julia und ich meiden Kollektive. Wo das Ich nicht stark genug ist, sucht es sich ein Wir. Ein Wir, das viele schwache Ichs vereint, kann anderen gefährlich werden.

Ticks 'n Tricks

Julia und ich tricksten in der Schule. Mit den Klausuren hatte meine Schwester Mühe. Genau wie mit den Hausaufgaben. Im Sportunterricht war sie besser als ich, in Mathe, Englisch und Deutsch ein kleines bisschen schwächer. Ihr erschien das furchtbar ungerecht. Sie wollte nie besser sein – wir konkurrierten nicht – aber sie sah auch nicht ein, dass ich sie immer wieder abhängte. Unsere Genmasse war schließlich nahezu identisch: Wir waren aus demselben Material gemacht. Warum also kam ich mit Schule besser klar?

Anders als ich litt sie an Prüfungsangst. Wenn Julia Referate hielt, erblühten hektische Flecken an ihrem Halsansatz. Manchmal begann sie sogar zu stottern. Vor Klausuren wachte sie mit Bauchweh auf, und sobald die Fragebögen ausgeteilt wurden, vergaß sie, was sie gestern noch gewusst hatte. Schule stresste sie.

In den Naturwissenschaften quälte meine Schwester sich vor allem mit Textaufgaben. Unter Druck gelang ihr der Transfer nicht mehr.

Zum Glück hatte sie mich.

Während unser Lehrer – nehmen wir einmal Herrn Richter, der uns Bio beibrachte – die Reihen abschritt und Blätter austeilte, überflog ich in Windeseile die Aufgaben. Dann suchte ich Julias Blick.

Meine Schwester sah mich wartend an, den Bleistift in der Hand. Ihre ganze Aufmerksamkeit auf mich gerichtet.

»Aufgabe 3. meint die Fotosynthese«, flüsterte ich. »5. ist Tektonik. Das haben wir vorgestern gelernt.«

Ein kaum merkliches Nicken und Julia notierte sich die Stichworte auf ihrem Prüfungsblatt. Erst nachdem sie versorgt war, nahm ich den Stift zur Hand und widmete mich meiner Arbeit.

Wenn Julia zum Halbjahresende zwischen zwei Noten stand oder eine Klausur verhauen hatte, nutzten wir Trick siebzehn: Ich schrieb ihren Namen auf mein Blatt und umgekehrt.

Manchmal wundere ich mich, dass wir nie aufgeflogen sind.

Unsere Handschriften waren ganz verschieden: ihre geradlinig, zwischen Schreib- und Druckschrift angesiedelt. Zwischen zwei Buchstaben ließ sie eine Lücke; meine Schwester setzte immer wieder den Stift ab, als würde sie einen Augenblick innehalten, bevor sie auf das A ein B, C oder D folgen ließ. Als würde sie einen Sekundenbruchteil nachdenken, ob sie das Wort wirklich zu Ende schreiben wollte.

Ich schrieb und schreibe schnell, geschwungen, mit Tendenz zur Schräglage. Im Grunde werfe ich meine Worte mehr auf das Papier, als dass ich sie setze. Meine Worte wollen weiter, sie laufen über das Blatt, als fürchteten sie den Punkt am Satzende, der sie zwingt, sich festzulegen.

Unsere Handschriften waren unverwechselbar, und doch flog die Täuschung nie auf. Keiner unserer Lehrer kam auf die Idee, dass wir auf diese Weise tricksen könnten.

Immer wieder verhalf ich meiner Schwester zu besseren Noten – und sie mir zu schlechteren. Mich kümmerte das wenig. Was soll ich sagen. Es blieb in der Familie.

Cindy Crawford und wir

Meine Schwester und ich wurden mit fünfzehn Jahren beim Shoppen auf der Zeil entdeckt. Klingt das nicht aufregend? Offen gesagt ist es nur die halbe Wahrheit, aber ich konnte der Versuchung nicht widerstehen, diesen Satz einmal aufzuschreiben.

Das Modelbusiness lebt von Mythen und Legenden. Noch immer träumen junge Mädchen davon, entdeckt zu werden. Der Markt ist übersättigt, aber der Mythos ist nicht totzukriegen: »Wenn du nur schön genug bist, wird man dich entdecken.« Das ist leider überhaupt nicht wahr.

Julia und ich wurden mit fünfzehn Jahren auf der Zeil von einer Castingagentin angesprochen, aber nicht »entdeckt« im eigentlichen Sinn. Unser Durchbruch kam viel später, nach vielen Rückschlägen und Jahren harter Arbeit.

Die Begegnung in der Einkaufsmeile war nichts weiter als ein Anfang, und doch bleibt sie für uns bedeutend. Heißt es nicht, jedem Anfang wohnt ein Zauber inne?

Es war Frühling und wir schlenderten zu dritt die Zeil entlang, Mama in der Mitte, als uns eine Frau mit blondem, schulterlangem Haar ansprach.

Wie sich herausstellte, war sie Agentin einer Castingagentur in Offenbach.

»Ihr zwei seid mir aufgefallen«, sagte sie freundlich. »Ihr habt eine gute Größe, gute Proportionen. Wollt Ihr in meiner Agentur vorbeikommen? Wird nicht lange dauern, höchstens zehn, zwanzig Minuten. Wir machen einfach ein paar Fotos. Dann schauen wir weiter.«

Natürlich wollten wir.

Und natürlich reagierte meine Schwester unsicher. »Nina, hat sie wirklich uns gemeint? Uns beide? Bist du sicher, dass sie mich auch eingeladen hat?«

Und ich? Ich beruhigte sie, lächelte versonnen und dachte an Cindy Crawford. Claudia Schiffer. Würde diese eher unscheinbare, nette Dame, die etwas nuschelte beim Reden, uns groß rausbringen? War sie unsere Entdeckerin? Ich hielt das durchaus für möglich – obwohl ein winziges Detail den Lauf meiner Fantasie hemmte. Auf der Visitenkarte, die sie uns gereicht hatte, stand »Casting-« und nicht »Modelagentur«. »Casting« klang uncool. Das klang nach: Komparsen, TV-Schauspielern, Werbedarstellern und B-und C-Promis. Ich wollte mit meiner Schwester die Laufstege der Fashionwelt erobern. Höher, weiter, *high fashion!*

Heute weiß ich, wie naiv ich war.

Eine Woche später standen Julia und ich in Jeans und T-Shirt vor einer weißen Wand. Ganzkörper. Knips. Hände. Knips. Füße. Knips. Gesicht. Knips. Frau Falk, so hieß unsere neue Agentin, rollte auf einem beweglichen Stuhl um uns herum und gab einfache Anweisungen: »Spielbein bitte, Standbein. Locker, lächeln, und mal ernst.«

Die Agentur war in einem Altbau untergebracht, sanftes Licht und frisch geschliffenes Parkett. Am besten gefiel mir die Bilderwand: zwei mal vier Meter Sedcards. Laufstegstars strahlten vom Olymp der Schönheit auf uns herab.

Frau Falk lächelte, als sie unsere sehnsuchtsvollen Blicke sah.

»Mädels, wir machen hier nur Polas (Polaroid-Bilder) und keine Profi-Sedcards. Bis dahin ist es noch ein Stückchen Weg.«

Heute noch heißen diese ersten Aufnahmen – kein Styling, keine Schminke, keine aufwendigen Outfits – Polas. Sie werden digital verschickt und zeigen Kunden, was man ist und was man hat. Wie man aussieht, wenn man morgens um acht bei einem Shooting aufkreuzt. Echt und ungeschminkt.

Kurz nach dem Fototermin kam das erste Angebot.

Für Julia!

Wir hielten das natürlich beide für ein Missverständnis. Eine Verwechslung. Unsere Vornamen klangen nicht unähnlich, da konnte ein Kunde schon mal durcheinanderkommen.

»Meinen Sie tatsächlich mich?«, fragte meine Schwester ungläubig.

»Ja, dich, Julia, das hab ich doch gesagt«, erwiderte Frau Falk knapp.

Das Prozedere bei einer Anfrage ist immer gleich. Dein Agent ruft an und fragt, ob du eine Option auf den und den Tag, an dem und dem Ort, für den und den Kunden freihast. Wenn du Ja sagst, heißt es warten. Entweder fällt die Option wieder raus, oder du bekommst den Job.

Julia bekam ihn. Das war krass. Ich war die, die wollte! Seit ich denken konnte, hatte ich von einem Shooting geträumt, ich hatte jedem, der es hören wollte (und auch jedem anderen), erzählt, wir würden Models werden. Und jetzt hatten sie Julia engagiert. Julia, mit ihrem unendlichen Langmut und ihrer unendlichen Langsamkeit. Meine Zauderin von Schwester.

Meine Verblüffung hätte nicht größer sein können, und sie war nicht frei von Frustration.

Bis mir ein Gedanke kam: Vielleicht meinte es das Leben ja besonders gut mit mir. Wenn Julia erst mal Set-Luft atmete, würde der Funke sicher überspringen. Meine Schwester würde endlich genauso für das Modeln brennen wie ich. Das würde vieles leichter machen.

War es nicht vollkommen gleichgültig, wer von uns den Anfang machte?

Im Übrigen hatte Frau Falk eine Art Trostpreis für mich.

Geshootet wurde für eine Sektmarke, und sie brauchten auch Komparsen und Komparsinnen.

»Das wäre was für Nina, oder?«, fragte sie. »Es macht nichts, dass ihr euch so ähnlich seht. Nina wird eh nicht zu erkennen sein. Die Komparsen bleiben in der Unschärfe.«

»In der Unschärfe!« Julia stünde im Spotlight und ich würde das Back-up machen. Verkehrte Rollen. Mal sehen, wie wir damit klarkämen.

Unser allererstes Shooting, Verzeihung, ich will sagen, Julias allererstes Shooting, fand in einer alten Fabrikhalle und Eventlocation in Frankfurt statt. Ein Bunker ohne Tageslicht, verstaubt und gammelig. Kein Fingerfood und keine Lounge-Ecke, es gab nicht mal ein WC. Dafür waren alle Profis – außer uns. Ein gut gelaunter Kunde, ein geduldiger Fotograf und eine Visagistin, die Julia zur Begrüßung beherzt ins Haar griff: »Prima, damit lässt sich doch was anfangen!« Während sie meine Schwester schminkte und frisierte, wich ich keinen Schritt von ihrer Seite. Ich folgte jedem ihrer Handgriffe, verzückt sah ich zu, wie meine Schwester sich verwandelte. Sie wurde immer schöner und immer erwachsener.

Bis zu jenem Augenblick, als der Fotograf Julia bat, sich zu bewegen, lief alles glatt.

»Tanz ein bisschen«, rief er, »und nipp an deinem Sektglas. Entspann dich, lass locker! Hey, du bist jung, es ist Friday Night, der Sekt perlt auf deiner Zunge.«

Ich zog unwillkürlich den Kopf ein. Julia und lockerlassen? *Mission impossible!* Schon auf Kinderfotos sieht die kleine Julia kritisch aus. Sie presst den Mund zusammen, als wäre sie peinlich darauf bedacht, dass ihr nur ja kein falsches Wörtchen entschlüpft. Während ich immer in Action bin, am Reden, Lachen, Faxen machen, sieht meine Schwester mich skeptisch von der Seite an. Wenn ich alte Fotos angucke, denke ich manchmal, ich muss ich Julia fürchterlich genervt haben, als wir klein waren.

Ihre Reaktion auf die Aufforderung des Fotografen fiel genau so aus, wie ich erwartet hatte. Sie wackelte unsicher mit dem Kopf. Dann fror sie ein. Freeze. Meine Schwester stand da wie angewurzelt und hielt sich an ihrem Sektglas fest. Sah nur ich die roten Flecken an ihrem Halsansatz?

Ich schwöre, sie hat sich kein bisschen bewegt. Nicht einen klitzekleinen Zentimeter.

Komm schon, beweg dich, dachte ich. Telepathie. Wenn meine Gedanken sich materialisiert hätten, wären es kleine Stromstöße gewesen. Beweg dich! Das ist unsere Chance!

Julia rührte sich nicht.

Ich wusste, dass sie meine Blicke und Gedanken spürte, aber es half nichts. Das war der Augenblick, auf den ich seit Jahren hingefiebert hatte. Ein professionelles Shooting. Und meine Schwester verharrte in Schockstarre. Sah in die Kamera wie ein kleines geblendetes Tier. *Rabbit in the Headlights!*

Irgendwann gab der Fotograf auf. Es blieben unbewegte Bilder: Stills.

Natürlich waren wir in Sorge. Tagelang umkreisten wir das Telefon im Wohnzimmer, als würde es uns um die Ohren fliegen, wenn wir ihm zu nahekamen. Jeden Augenblick würde es klingeln. Jeden Augenblick würde unsere Agentin uns auf Nimmerwiedersehen sagen: »Mädels, der Kunde ist unzufrieden. Was habt ihr euch dabei gedacht? Das war's! Aus, der Traum!«

Der gefürchtete Anruf blieb aus. Stattdessen landete die stolze Summe von dreitausend Mark auf unserem gemeinsamen Konto. Das war unfassbar viel Geld! Julia hatte uns mit ihrem Rumgestehe reich gemacht. Ich hätte meiner Schwester die Füße küssen können.

Ein paar Wochen nach dem Shooting waren wir im HIT-Markt einkaufen. Ich sah es zuerst: Meine Schwester Julia auf allen 6er-Kartons einer bestimmten Sektmarke. Ein Lächeln auf den Lippen, das Glas locker in der linken Hand. Und das Wichtigste: Sie sah entspannt aus. Julia sah so lässig aus, als hätte sie nie etwas anderes getan, als vor der Kamera zu stehen.

Vielleicht war es einfach an der Zeit gewesen, dass sie einmal allein abgelichtet wurde. Ohne ihre Zwillingsschwester.

Als Julia das Bild sah, lachte sie. Meine Schwester wirkte überglücklich.

»Das hast du gutgemacht!«, rief ich und fiel ihr um den Hals.

Jungs, Jungs

Wir waren Spätzünder. Jungs waren lange gar kein Thema. Wir verliebten uns einfach nicht. Küssen, Krabbeln, Kuscheln, Soft-Petting, Engtanzen, Daten und was die *Bravo* sonst noch feierte. Nichts davon erschien uns aufregend.

»Die Bravo-Lovestory« – na und? Genauso gut hätte ich das Maggi-Kochbuch lesen können, das in einer Ecke von Papas Küchenregal verstaubte. Jungs interessierten uns in etwa so sehr, wie die Zutaten für einen Marmorkuchen. Wir wussten einfach nichts mit ihnen anzufangen.

Heute haben wir eine Erklärung für unser ausgeprägtes Desinteresse.

Während die anderen Mädchen nachts unter der Bettdecke das fremde Land erforschten, das ihr Körper war, lagen meine Schwester und ich in unseren aneinandergeschobenen Betten und flüsterten und lachten.

Wann erwacht das Interesse am eigenen und auch am anderen Geschlecht? Ist es der Moment, in dem man beginnt, sich aus dem Gefüge loszusagen, das Familie heißt? Wo man festgelegte Rollen hinterfragt, anfängt, sich aus der Kindheit fortzuträumen? Wo man plötzlich das Alleinsein spürt? Wo die Sehnsucht wach wird, auch wenn man sie noch nicht benennen kann? Der Wunsch, mit einem andern Menschen eins zu werden?

Wenn ich sie jetzt wieder lese, klingen diese Sätze gar nicht schlecht, ein bisschen glatt vielleicht. Kein Wunder, sie sind allesamt geklaut: Freundinnen abgelauscht, von TV-Serien abgeguckt. Alleinsein? Sich nach absoluter Nähe sehnen? Für Julia und mich ist das ziemlich graue Theorie. Grunderfahrungen, die wir in diesem Leben so nicht machen werden. Wir beide werden einander immer die Nächste sein, ob wir wollen oder nicht. Julia läuft immer mit, auf einem zweiten Monitor in meinem Kopf. Sie lässt sich nicht ausschalten: keine Sekunde Sendepause, ehrlich, eine ständige Liveschaltung, manchmal vergesse ich einen Augenblick, welcher Seelenfilm ihrer ist und welcher meiner. Ihr gilt der erste Gedanke nach dem Aufwachen und der letzte vor dem Einschlafen. Alleinsein? Kenn ich nicht.

Ich glaube, das ist mit ein Hauptgrund, warum wir so lange nicht gezündet haben.

Lange Zeit ließen Jungen uns völlig ungerührt.

Genau genommen bis zu jenem einen verhängnisvollen Tag im Spätsommer, in unserem siebzehnten Lebensjahr. Julia und ich spielten Tennis, seit wir neun waren. Unser Trainer war krank, und Sebastian vertrat ihn. Er kam mit federnden Schritten über den roten Platz auf uns zu: blond und hochgewachsen, grüne Augen. Ein Traum im Tennisoutfit. Julia stand neben mir, aber ich hütete mich, sie anzusehen. Die Schwingungen, die sie aussandte, waren eindeutig. Was ich wissen musste, wusste ich. Julia war hin und weg. Genau wie ich. Wir beide hatten uns augenblicklich verliebt.

In dieser Stunde spielten wir so schlecht wie nie. Die Bälle flogen kreuz und quer über den Platz, nur nicht dahin, wo sie sollten.

Während wir noch über den Platz hetzten, wusste ich, dass sich etwas zwischen meiner Schwester und mir verändern würde. Das war der schwesterliche Sündenfall. Zum ersten und vielleicht einzigen Mal in meinem Leben hatte sich die Reihenfolge in meinem Kopf verkehrt: Ich dachte an mich. Und ihn. Dann kam lange nichts. Dann wieder ich. Und dann, an allerallerletzter Stelle, meine Schwester Julia: ein fliegender Schatten über rotem Sand, auf den die Sehnsuchtssonne glühte.

Nach der Stunde standen wir eine Weile am Netz, er auf der einen und wir auf der anderen Seite.

»Wir könnten ja mal was trinken gehen«, sagte er. Seine rechte Hand, die eben noch lässig den Ball auf dem Schläger springen lassen hatte, hielt inne und er sah mir in die Augen.

Dann geschah etwas völlig Unvorhersehbares.

Julia nickte. Ich meine, *sie* nickte.

Und dann machte sie auch noch den Mund auf.

»Klar, gerne!«, hörte ich sie mit ihrer hellen Stimme sagen.

Am liebsten hätte ich meiner Schwester vors Schienbein getreten.

Auf die Diskussion der Frage, wen er tatsächlich gemeint hatte, verwendeten wir den ganzen verbleibenden Nachmittag. Julia war der Überzeugung, sein Angebot habe uns beiden gegolten, während ich es ausschließlich auf mich bezog.

Meine Schwester war völlig entgeistert: »Sag mal, Nina«, rief sie, »warum sollte er nur dich meinen? Was würde das für einen Sinn ergeben?«

Mir erschien ihre Frage nicht unberechtigt – im Grunde wusste ich ja selbst nicht, warum ich ihn unbedingt alleine treffen wollte und wozu das alles gut sein sollte. Sebastian war mit seinen blütenweißen Tennissöckchen in unsere Zwillingswelt eingebrochen wie ein Komet. Er schien von ganz weit her zu kommen, ein faszinierend fremdes Wesen – und alles, was ich wusste, war, dass ich ihn haben wollte. Haben. Ganz allein. Für mich.

Gegen neunzehn Uhr dreißig gab ich Julias Argumenten nach, und um zwanzig Uhr trafen wir Sebastian an der Tennisbar.

Ich schwöre, als er uns beide sah, machte er ein Gesicht, als hätte ihn ein Schläger vor den Kopf getroffen. Und zwar feste. Serena-Williams-mäßig.

Es wurde ein denkwürdiger Abend.

Drei Herzen in Aufregung. Zwei paar blaue Augen, tief versenkt in ein paar grüne. Und ein Mund, der nicht aufhörte zu reden und zu lachen – meiner. Die arme Julia hatte keine Chance. Sie kam ja kaum zu Wort.

Sebastian wurde mein erster Freund, und er entzweite uns. Etwa vierzehn Tage lang war Julia sauer. Ich war froh, dass sie mich mied. Am liebsten hätte ich sie eingefroren. Irgendwann würde ich sie wieder auftauen, aber jetzt, mitten in meinem Frühlingserwachen, brauchte ich ihre Regenwettermiene sicher nicht. Nach zwei Wochen war der Zorn meiner Schwester verraucht – ich übernachtete zum ersten Mal bei meinem allerersten Freund – und sie kam mit. Sebastians Mutter – eine warmherzige Frau, die ein Gespür dafür bewies, dass man nicht trennen soll, was zusammengehört, legte vorausschauend eine Matratze vor das Bett ihres Sohnes – und Julia nahm das Angebot mit größter Seelenruhe an. Und Sebastian? Der beschied sich in sein Los, wenn auch mit Zähneknirschen.

Er hielt sich wirklich wacker, fing die Bälle in der Luft, die wir ihm im Doppel zuspielten. Sebastian war der erste Mann in unserem Leben, und auch wenn er nicht der Letzte war, bleibt er unvergessen.

Jahrelang gingen wir zu dritt durchs Leben, er und ich und Julia; Julia, ich und er, und als wir uns trennten, verlor er gleich zwei Mädchen, die ihn lieb hatten – jede auf ihre Weise.

Sebastian ist unvergessen, genau wie das Kennenlernen auf dem Platz in Niedernhausen, als die Sonne hoch am Himmel stand und Amor gleich zwei Mal in den Köcher griff, zwei Mal zielte, zwei Mal traf.

Damals haben wir etwas gelernt: nämlich, dass auch wir verwundbar sind. Die einzige Gefahr, die unser Zwillingsglück bedrohte, waren Männer.

Unsere Achillesferse war die Liebe, jener Zustand des Verliebens – nein, Zustand ist das falsche Wort – jener Augenblick, in dem du dir abhanden kommst, in dem du dich aus allem, was dich hält, befreist, so ähnlich fühlt sich das ja an, schwerelos und haltlos, frei – und die Sehnsucht allem eine neue Farbe gibt und einen neuen Ton. Verlieben hieß für mich immer bewegt sein, eine Bewegung, die dich fortträgt, ohne dass du weißt, wohin. Wenn Julia und ich uns verlieben, müssen wir einander loslassen – wenigstens für ein paar Wochen. Das ist jedes Mal ein bisschen schmerzhaft, aber nur für eine kurze Zeit. Meine Schwester und ich finden uns immer wieder, immer, und an jedem Ort, und wenn die Liebe uns verändert, finden wir uns eben anders wieder, anderswo, aber mit derselben Innigkeit.

Ein anderes Leben

Nach der zehnten Klasse wechselten wir von der Theißtal-Realschule auf das Martin-Niemöller-Gymnasium in Wiesbaden.

Von einem Tag auf den anderen hörte das Mobbing auf. Niemanden interessierte unser Anderssein. Es herrschte Aufbruchsstimmung, keine Angst. Wir mischten uns unter unsere Mitschüler, wir waren zwei von vielen, und es ging uns gut.

Nur das Kurssystem hatte anfangs etwas Verstörendes. Erstmals saßen meine Schwester und ich nicht mehr von morgens bis mittags nebeneinander in der Bank neben der Klassentür. Das war gewöhnungsbedürftig, hatte aber durchaus Vorteile. Ich weiß noch, dass Julia im Englisch-Grundkurs in der zwölften Klasse zwischen sieben und acht Punkten stand. Wenn sie die kommende Klausur in den Sand setzte, würde sie statt »befriedigend« ein »ausreichend« nach Hause bringen – und jede Zeugnisnote zählte. Der Abitur-Countdown hatte begonnen.

»Wir schreiben über *Brave New World*, berichtete meine Schwester auf dem Nachhauseweg. Sie klang bekümmert. »Und ich hab den Roman noch immer nicht gelesen.«

Sofort war der Gedanke da. Mir ging das sprichwörtliche Licht auf, und ich strahlte Julia an. »Lass mich für dich hingehen! Du weißt doch, wir haben das Thema erst vor zwei Wochen durchgenommen. 13 Punkte. Ich liebe dieses Buch!«

Heute begreife ich, warum mich Huxleys Science-Fiction-Klassiker so fesselte.

Es ist eine Negativ-Utopie. Am Anfang vom Ende steht die Sehnsucht der Menschen nach Perfektion und Planbarkeit. Produktivität. Für mich sind das noch immer Reizwörter.

Ich meine: Sie reizen mich, sie regen mich an. Ich glaube an Perfektion, an den perfekten Augenblick, an das perfekte Licht und das perfekte Setting. Für Julia und mich will ich alles perfekt machen, ich will dem Leben das Allerallerbeste abluchsen. Und ich lebe nicht in der Vergangenheit. Ich lebe immer auf ein Ziel hin, auf unsere ganz persönliche Zukunft. Wenn man so will, arbeite ich ununterbrochen daran, unser Leben zu optimieren. Ich gebe offen zu, dass mir der Grundgedanke, der die Wissenschaftler in Huxleys Roman antreibt, nicht fremd war. Das Schicksal in die Hand nehmen. Die Welt perfekt gestalten. Das klang für mich zunächst verführerisch.

Der Romananfang von *Brave New World* spielt in einem riesigen sterilen Raum. Im sogenannten *Fertilizing Room*. Es ist eine Art Batterie. Hier werden Föten in Reagenzgläsern herangezogen.

»Das Licht war gefroren, tot, ein Gespenst.« *Frozen*. Gefroren. Aldous Huxley zeigt Zukunft als Stillstand: als einen Endpunkt. Das Ende der Individualität. Das Ende alles Überraschenden. Das Ende des Begehrens und der Lust, der Liebe und des Glücks.

Das Ende eben.

In *Brave New World* bestimmen Physiker und Arbeiter in weißen Overalls über das Leben, sie haben Gott abgesetzt und in Gläser abgefüllt; die ganze Götterwelt; den Gott der Juden und der Christen, Allah, Manitu, die Hindu-Götter, die Gottheiten der alten Griechen und des alten Rom: den Mythos und den Glauben. Sie haben das Schicksal in die Hand genommen, den Himmel geerdet und den Zufall aus der Welt getilgt wie einen unschönen Tintenfleck von einem weißen Blatt Papier.

In der Föten-Fabrik wird Geschichte geschrieben. Das ungeborene Leben wird in Alpha-Plus bis Epsilon-Minus unterteilt, entsprechend präpariert und manipuliert. Kleinkinder werden indoktriniert. Es entsteht ein Kastensystem, in dem jeder seinen angestammten Platz einnimmt und funktioniert. Organisierte Exzesse mit der Droge »Soma« und Sexorgien garantieren sofortige Bedürfnisbefriedigung und lähmen das freie Denken, Fühlen und Wollen.

Es ist ein ungemütlicher Roman. Erschienen 1932, als Adolf Hitler sich anschickte, die Welt mit seinem braunen Morast zu überziehen.

Viele Fragen, die Huxley aufwirft, beschäftigen Ethiker und Genetiker, Juristen, Philosophen und Politiker bis heute. Es geht um nicht weniger als Determination und Freiheit.

Die Rebellen und Revolutionäre in Huxleys schöner neuer Welt hatten wenig mit mir und Julia gemeinsam, aber ich verehrte sie. Diese Männer und Frauen stellten die alles entscheidende Frage: Gibt es ein anderes Leben als dieses? Kann ich ein Leben führen, wie es mir gefällt? Und wie könnte es aussehen?

Ich brauchte circa fünf Minuten, um Julia von dem geplanten Täuschungsmanöver zu überzeugen.

An einem Dienstagmorgen um acht Uhr fünfzehn saß ich zwischen ihren Mitschülerinnen und Mitschülern, überflog den Prüfungsbogen und setzte säuberlich ihren Namen auf die linierten A4-Seiten, die man uns ausgeteilt hatte.

Niemand hat etwas gemerkt – und Julia ist mir heute noch dankbar für die zehn Punkte, die ich ihr beschert habe.

Catwalk

Ich bin lange davon ausgegangen, die Bezeichnung »Catwalk« sei eine Hommage an den geschmeidig-katzenhaften Gang der Fashion-Stars. Das *world wide web* sagt etwas anderes: Ursprünglich bezeichnete der Catwalk einen Übergang zwischen zwei Gebäuden in luftiger Höhe. Jene Bretter und Planken, hoch oben über den Köpfen der Passanten, über die Bauarbeiter balancieren. Und hier kommen die Katzen ins Spiel – Tiere, die sich auf Dachfirsten so sicher bewegen wie auf festem Boden. Katzen sind Balance- und Überlebenskünstler. Sie klettern, sie fallen, sie landen immer auf vier Pfoten.

Die Modeindustrie setzte anfangs auf schmale, stark erhöhte Laufstege, um neue Kollektionen optimal zu inszenieren. Daher stammt der Name. Aber auch im übertragenen Sinn ist der Laufsteg ein schmaler Grat. Nur Mädchen, die alles mitbringen, was Designer wollen, werden für die großen Shows gebucht.

In den Neunzigerjahren, als Nina und ich zum ersten Mal Probeliefen, waren die Voraussetzungen andere als heute. Damals waren die meisten Models erwachsen. Viele wirkten androgyn, aber nicht krank.

Heute sind viele Laufsteg-Models Kinder. Dreizehn-, vierzehn-, fünfzehnjährige Mädchen, junge Menschen, die nicht wissen, wer sie sind und wo sie hinwollen. Der Laufsteg ist das Fashion-Nimmerland, ein Ort der Unentschiedenheit, des Nicht-mehr und Noch-nicht. Designer, Booker und Agenten promoten die Mädchen so lange, bis sie sie nicht mehr brauchen, weil sie Frauen werden. Unter diesem Druck fangen Teenager an, ihren Körper zu bekämpfen wie einen Feind, sie hungern sich von einer Show zur nächsten. In meinen Augen ist das eine Art von Missbrauch.

Alljährlich lädt das Branchenmagazin *Business of Fashion* Insider, Designer und Journalisten ein, im Rahmen des »Voices«-Kongress zu verhandeln, was backstage vor sich geht. 2017 hat James Scully, ein weltbekannter Castingdirector, Farbe bekannt. Er hat aufgezeigt, wie misogyn die Branche heute ist. Rassismus, Frauenfeindlichkeit und Missbrauch. In einer bewegenden Rede erklärte er, was heute von Models erwartet wird.

»Don't move your hips.
No eye-contact.
Don't move your arms.
Show no feminity.
Be a boy!«

Scully sagt, viele Designer, Booker, Fotografen und Visagisten seien Frauenfeinde. Der Mann hat recht, und es ist gut, dass er der Branche den Spiegel vorhält.

Aber ich will nicht vorgreifen.

Als Julia und ich kurz nach dem Abitur das erste richtige Laufstegangebot bekamen, waren wir elektrisiert. Bewegung, Blitzlicht, Bühnen-Make-up. Der Laufsteg war für mich pure Magie.

Natürlich zweifelte ich keinen Augenblick an unseren Fähigkeiten als Fashion-Queens. Wir hatten zwei paar ziemlich langer Beine und wir waren groß und schlank. Den coolen Blick übten wir, seit wir mit sieben Jahren zu Roxette in Mamas Kleidern durchs Kinderzimmer gestolpert waren. Wir hatten alles über Cindy Crawford und Linda Evangelista gelesen, was der Zeitschriftenständer des Tante-Emma-Lädchens um die Ecke hergab. Was konnte da schon schiefgehen?

Die Show war Teil der Frankfurter Pelzmesse »Fur and Fashion«.

In der Woche davor lud ich trotz der Proteste meiner Schwester alle unsere Freundinnen ein, und als wir am Morgen in Frankfurt aus der Bahn stiegen, um vor der Show mit den anderen Models den Lauf zu proben, waren wir *in the mood for fashion*. Das hier würde unsere Sternstunde. NINA UND JULIA MEISE: DIE SCHÖNHEIT KOMMT AUS NIEDERSEELBACH. Ich sah schon die fette Schlagzeile, ich sah uns auf der Titelseite des *Wiesbadener Kurier*, ach was, der *Bunten* und der *Gala*, in überregionalen Blättern! Wie schön es ist zu träumen.

Als ich begriff, was *Fur* bedeutete, schluckte ich. Seidenstrumpfhosen, minikleine Shirts und megaschwere Pelze. Ich hätte nie gedacht, wie viele Kilo arme Nerze in Mantelform auf die Waage bringen. Tierschutz war damals noch ein Nischenthema, und ich gebe zu, dass mir erst in jenem Augenblick, als ich den ersten Mantel überzog, der Gedanke an die Nutrias, Nerze und Chinchillas kam, an all die Tiere, die ihr Leben für die Show gelassen hatten.

Das fühlte sich nicht gut an.

Außer uns waren ein Dutzend Mädchen gekommen. Während Julia und ich kicherten und plapperten, trugen sie schon in der Umkleide die coole Attitude zur Schau, die man vom Laufsteg kennt. Glatte Gesichter, leere Blicke. Sie sahen anders aus als wir, oder besser: wir als sie. Plötzlich begriffen wir, dass wir Hintern und Hüften hatten. Das war ein Aha-Erlebnis. Wir waren sehr viel dicker, als wir angenommen hatten.

Noch in der Umkleide vernahm ich ein unheilvolles Geräusch aus Julias Richtung: meine Schwester nieste. Vielleicht waren es die Tierfelle, oder es waren die Staubkörner, die zwischen den feinen Härchen gehangen hatten und jetzt in Wolken aufstoben.

Hör bloß auf, dachte ich genervt. Hör sofort auf zu niesen!

Julias juckende Nase – zu der sich bald meine eigene gesellte – war ein Störfaktor. Genau wie die verdammten High Heels. Sechzehn Zentimeter! Als wir die Pumps anhatten, maß jede von uns an die zwei Meter – es gelang uns zwar, im Stehen die Balance zu halten, aber an vorwärtsgehen, einen Fuß vor den anderen setzen, war kaum zu denken.

Es fehlte uns an Kraft und Körperspannung. Um die Balance zu halten, ruderten wir hilflos mit den Armen. Das sah nicht gerade lässig aus. Die anderen Mädchen schwebten und wir staksten. Zwei Störche auf dem Catwalk.

Es wurde ein wirklich langer Vormittag. Julia und ich spürten die mitleidigen Blicke der anderen Mädchen mehr, als dass wir sie sahen – unsere Augen waren schon nach dem ersten Probelaufen rot und zugequollen – aber wir hörten, dass der Kunde über uns redete. Die Zeichen waren eindeutig. Das hier würde kein gutes Ende nehmen.

Der Vorhang fiel, als wir mit den anderen Mädchen im Halbkreis standen und die finale Choreo erklärt wurde.

»Mädels, wir machen Springbrunnen. Tanja: du gehst als Erste raus, und zeigst dich links. Dann kommt Aline, nach rechts. Paula links, Michaela rechts. Wiebke. Caro, ihr wisst schon, links und rechts. Julia, Nina, ihr seid raus. Geht bitte rüber zu Frau Schmidt, die wird euch das erklären. Tanja ...«

Unser Rauswurf klang so sachlich wie die ARD-Wettervorhersage für den kommenden Tag. Ich spürte, wie mir die Röte ins Gesicht stieg. Die Scham brannte auf meinen Wangen.

Zu meinem Unglück stand die größte Prüfung noch bevor: unsere Freundinnen. Ich musste eine nach der anderen anrufen und wieder ausladen. Während ich ihre Nummern wählte, sah Julia mich mit einer Mischung aus Mitleid und Missbilligung an – und obwohl ich mich redlich bemühte, meine Schwester zu ignorieren, fühlte ich deutlich, dass sie recht hatte.

Wie dumm war ich gewesen.

Manchmal war sie einfach schlauer.

Damals war Julia und mir zum Weinen zumute – aber heute können über das Pelzshow-Debakel lachen.

II
Nine-to-five

Ticket in die Freiheit

Nine-to-five, für mich ist das die Hölle. Routine engt mich ein, Bürokluft ist für mich wie eine Uniform. Nichts ist frustrierender, als abends einen grauen Stiftrock über die Stuhllehne zu hängen, darüber eine weiße, bügelfreie Bluse. Morgens Brote schmieren und in Alufolie einwickeln. Dezenten Lippenstift auflegen, müde Augen wacher schminken.

Um acht Uhr fünf durch eine Drehtür gehen und dein Kärtchen in den Scanner halten.

Nicken, fragen: »Und, wie war dein Wochenende?«

Aus der offenen Bürotür den monotonen Rhythmus hören, mit dem die Finger deiner Kollegin über die Tastatur laufen. Nichts frustriert mich mehr.

Es sind Requisiten eines Lebens, das nicht meines ist. Und doch war ich es, die Julia und mir nach dem Abitur Ausbildungsplätze in einem mittelständischen Unternehmen besorgt hat. Als Models brauchten wir ein Back-up. Wir brauchten Rücklagen und Know-how. Wir mussten den Markt verstehen lernen, den wir erobern wollten. Unsere Modelkarriere würde eben etwas warten müssen – Julia und ich waren ja schon immer und in vielerlei Hinsicht Spätzünder gewesen. Seit wir denken können, hatten unsere Eltern uns mit einer soliden Ausbildung in den Ohren gelegen – und in diesem einen Punkt gaben wir den beiden ausnahmsweise uneingeschränkt recht.

Julia hatte in einer Werbeagentur in Frankfurt-Rödelheim begonnen, ich in einer anderen, in der Nähe des Frankfurter Flughafens. Nach drei Monaten gelang es mir, meinen Chef zu überzeugen, dass zwei Meisen besser waren als eine. Von nun an ließen wir einen der beiden Peugeots 206, die Mama und Papa uns zum Abitur geschenkt hatten, zu Hause stehen, und fuhren morgens gemeinsam nach Frankfurt. Bis auf Weiteres würden wir in Niederseelbach bleiben. Wenn wir zu Hause wohnten, konnten wir unser Ausbildungsgehalt plus die Honorare, die uns gelegentliche Shootings einbrachten, beiseitelegen. Die Ausbildung war unser Ticket in die Freiheit. Alles, was wir brauchten, war Geduld. Natürlich hatte Julia mehr davon als ich. Obwohl mein Büro im fünften Stock geräumig und hell war, Glastüren, Panoramafenster mit Blick ins Grüne, fühlte ich mich wie ein Fisch im Wasserglas.

Mittags um zwölf Uhr, wenn die Kollegen die Füße hochlegten und ihre belegten Brote auspackten, ging ich meine Schwester abholen. Ich brauchte sie nur anzusehen.

»Na, willst du wieder los?«, fragte sie freundlich. »Wieder zum Flughafen, nur für ein Acht-Euro-Fischbrötchen?«

Ich nickte und wir lachten.

Mit unserem Peugeot fuhren wir zur Abflughalle des Flughafens. Wir stellten den Wagen auf einem Besucherparkplatz ab, traten durch die Glastüre, kauften uns ein Fischbrötchen und eine Apfelschorle, setzten uns auf zwei wackelige Metallstühle vor Fisch GOSCH und atmeten durch.

Immer wenn eine Durchsage ertönte – *Dear Passengers / Sehr geehrte Fluggäste, Ihr Flug Nr. 112 nach Istanbul ist nun zum Einstieg bereit. Bitte begeben Sie sich zum Ausgang 15 und halten Sie Ihre Bordkarten bereit* – durchrieselte mich ein angenehmer Schauer. Ich liebte auch die Reisenden: Abenteurer, Aussteiger und Backpacker, Familien, Gruppenreisende, Geschäftsleute und Pensionäre. Diese Leute kamen irgendwoher, und sie gingen irgendwohin. Sie waren unterwegs. Wenn du unterwegs bist, ist es vollkommen gleichgültig, ob du zerrissene Jeans trägst, einen Kaftan oder ein elegantes Twinset à la Jackie O. Unterwegs bist du freier. Ein freierer Mensch. Und das sieht man dir an. Diese Kinder, Frauen und Männer mit ihren Rollkoffern und Rucksäcken wussten nicht, wie schön sie waren.

Oft war ich versucht, sie anzusprechen: »Sagen Sie, wo fliegen Sie denn hin? Welche Sprache sprechen Sie? Wie ist Ihr Leben so?« An Flughäfen flirrt die Luft vor Geschichten und Sehnsüchten. Es ist ein unbestimmter Ort, ein Ort der Möglichkeiten.

Nach einem aufreibenden Vormittag stellte ich mir vor, wie ich an einem der Schalter ein Last-minute-Ticket buchte, One-Way nach Südafrika, Australien oder Kanada. Du kannst jederzeit gehen, dachte ich. Du bleibst aus freien Stücken.

»Julia«, sagte ich versonnen, »irgendwann gehören wir dazu. Dann sind wir auf den Flughäfen der Welt zu Hause.«

Meine Schwester lächelte. »Na, wenn du meinst.«

In der Werbeagentur hatten wir eine halbe Stunde Mittagszeit. Die erlaubte Parkzeit am Flughafen betrug fünfzehn Minuten. Immer kamen wir zu spät zurück ins Büro und nicht selten mit einem Strafzettel, den ich von der Windschutzscheibe gepflückt hatte. Mir war das gleichgültig. Wenn ich mich wieder hinter meinen Schreibtisch im fünften Stock setzte, wusste ich, wofür ich all das tat. Wofür wir – Julia und ich – das alles taten. Eines Tages würden wir freiere Menschen sein.

Virtual Reality

Julia war Anfang zwanzig, als sie sich zum ersten Mal richtig verliebte. Christian sah gut aus, war verwegen, voller wilder Pläne und Ideen. Damals arbeitete er im IT-Bereich, er war ein Visionär und Träumer, einer, der nach vorne schaut.

Christians Geschichte ist untrennbar mit Wiesbaden verbunden. Wiesbaden, Stadt der Bäder, Stadt des Geldes und des Glücksspiels. In Wiesbaden riechst du das Geld, und jeder Backstein hat Geschichte, alles atmet gute, alte Tradition.

Im Zweiten Weltkrieg blieb die Stadt verschont, und die Prunkbauten am Kaiser-Wilhelm-Platz, das Spielcasino und die alte Nerobergbahn ziehen heute noch Touristenscharen an. Kaum einer weiß, dass Wiesbaden gewissermaßen Fake ist, eine Fake-City, ein Disneyland *avant la lettre*.

Kaiser Wilhelm war ein Fan vergangener Zeiten. Er liebte die üppigen Formen des Barock, aber auch die strengen Formen der Gotik, er wollte beides, und da er mächtig war, bekam er es. Das Stadtbild, das er prägt, hat etwas Verwirrendes: Verspielte Hausfassaden mit Spitzbögen, Säulenkolonnaden und geschwungenen

Architraven. Bauten aus dem Industriezeitalter, funktional entworfen, die aussehen wie aus der Frühen Neuzeit.

Warum fällt mir das jetzt ein? Ich glaube, es passt zu der Geschichte, die mir in den Sinn gekommen ist. Wiesbaden ist die Stadt des schönen Scheins, und nicht jeder, der dort lebt, ist der, für den er sich selbst hält. Nicht jeder ist der Mensch, der er vorgibt zu sein.

Wer war Christian?

Christian war ein Freund von uns, ein schöner Junge, den wir mochten und bewunderten. Er war nicht wie die anderen. Er hatte Drive. Seine ganze Haltung sagte: Halt dich fest, ich hab was vor.

Julia liebte ihn, und ich verstand ihn, ich war ihm verbunden.

Nachts zogen wir um die Häuser, Christian kannte jeden Türsteher, wir tanzten uns die Füße wund, wir lachten und lästerten über die *Rich Kids* mit ihren dicken Uhren und Designer-Taschen (»Fehlt nur noch, dass sie sich Dolce & Gabbana auf die Stirn tätowieren lassen!«), wir träumten davon, reich und schön zu sein, und tausendmal so cool wie sie. Julias Freund war das Gegenteil von satt. Er war hungrig und er wollte leben, Beute machen – so wie ich.

Was damals passiert ist, ist schwer zu begreifen. Es ist eine Geschichte um Liebe und Verrat. »Verrat« ist ein hartes Wort. Manchmal denke ich, jeder Verrat ist bereits angelegt, so wie die erste Szene eines Dramas auf die schicksalhafte Wende hindeutet. Es gibt nicht den einen entscheidenden Augenblick, der alles von heute auf morgen verändert. Dann wieder erscheint es mir, als sei in der Jugend alles offen und eine einzige unbedachte Geste, ein Schritt in die falsche Richtung werde entscheiden, wer du sein wirst.

Julia, Christian und ich waren dicke Freunde, als ich David kennenlernte. David war anders als wir. Siebzehn Jahre älter, Sohn aus gutem Haus, verfügte er über jene Gelassenheit, die im besten Fall mit Besitz und altem Geld einhergeht.

Sein Vater hatte eine Modemarke etabliert, die deutschlandweit in jedem Kaufhaus vertreten war. Er war stinkreich. Und er war großzügig. Während Julia ihn überraschend offen aufnahm, ließ Christian kein gutes Haar an meinem neuen Freund.

»Was machst du nur?«, rief er aufgebracht. »Der Typ ist siebzehn Jahre älter. Frag ihn mal, ob er auf kleine Kinder steht!«

Natürlich war das anmaßend – nur spürte ich es nicht. Meine Schwester und ich haben eine sehr spezielle Streitkultur. Wenn wir uns streiten, klingeln Nichtzwillingen die Ohren. Ich glaube, es gibt tatsächlich nichts, dass wir einander noch nicht gesagt haben, im Guten wie im Schlechten. Als Julias Freund Alex zum ersten Mal Zeuge einer solchen Auseinandersetzung wurde, war er der festen Überzeugung, nun sei es vorbei. Die Verbindung zwischen Julia und mir müsse rettungslos gerissen sein. Wir hätten eine Grenze überschritten, und nach diesem Fehltritt würde nichts mehr sein wie vorher.

Selbstredend hat er sich getäuscht.

Am nächsten Morgen saßen wir in schwesterlicher Eintracht am Frühstückstisch und plauderten.

»Wie kann das sein?«, fragte er verwirrt. »Das war ein Sturm, heut Nacht, in eurer Welt, ich meine, ein Orkan: Windstärke zwölf, und heute stehen alle Häuser noch? Kein einziges Dach hat es abgedeckt?«

Dieses Bild hat mir gefallen. Ganz genauso war und ist es. In unserer Welt gelten andere Naturgesetze.

Mit Anfang zwanzig sah ich in Christian den älteren Bruder, den Julia und ich nicht hatten. Er durfte sagen, was er wollte, nichts nahm ich ihm übel.

Anstatt ihm zu grollen, redete ich auf ihn ein. »Es ist nicht, wie du denkst. David ist ein guter Typ. Ihr solltet euch mal kennenlernen – gut möglich, dass ihr beide davon profitiert.«

Christian lachte nur. »Süße, hast du dich verliebt?«

Ein paar Monate später entschied er, den Sprung in die Selbstständigkeit zu wagen. Er hatte Unternehmergeist, aber kein Geld.

Als Julia mir von seinen Plänen berichtete, wurde ich hellhörig.

»Mensch. Jetzt müssen wir die beiden zusammenbringen! David hat richtig Schotter, er hat Wahnsinns-Kontakte in die Wirtschaft. Wenn der einsteigt, bringt er das Ding zum Fliegen! Der macht aus Christians Klitsche ein Riesenunternehmen!«

Als Investor suchte David immer wieder neue Wirtschaftszweige. Was er anpackte, wurde zu Gold. Die beiden wären das perfekte Match.

Leider war mein Freund in einer Hinsicht unverbesserlich: Er glaubte an den guten Namen. Nie würde er mit jemandem zusammenarbeiten, der nicht aus gutem Hause kommt. Wir mussten Christian eine gute Herkunft andichten. Wir brauchten eine Story, die in den Augen meines Freundes standhielt. »Sauber« war das Sesam-öffne-Dich.

Heute weiß ich, wie naiv wir waren. Eine Lüge ist keine Basis für ein Bündnis. Warum hat Julia mich nicht gestoppt? Vielleicht war es das Pippi-Langstrumpf-Syndrom: die Vorstellung, wir könnten die Wirklichkeit nach Lust und Laune umgestalten. Oder es war Liebe. Damals hätte Julia alles für ihren Freund getan.

Nach zwei durchwachten Nächten hatten wir uns eine gute Story ausgedacht. Ich fürchte, mein Gewissen stach mich nicht. Ich war verliebt in David, aber nicht loyal. Mein Freund war mit einem goldenen Löffel im Mund geboren worden. Fortuna hatte ihr Füllhorn über ihm ausgeschüttet – und es würde ihm nicht schaden, einem Jungen zu helfen, mit dem es die Glücksgöttin nicht ebenso gut gemeint hatte. Wenn David eine gute Geschichte über Christians Herkunft haben wollte, sollte er sie haben. Was war schon dabei?

Christian reagierte begeistert auf unseren Vorschlag. Mit einem Mal waren seine Vorbehalte gegenüber meinem Freund Vergangenheit. Heute würde ich sagen, er hatte Dollarzeichen in den Augen, aber damals war ich einfach nur erleichtert.

Unser Plan schien aufzugehen. Die beiden Männer verstanden sich auf Anhieb. David stieg als Partner ein und brachte das Unternehmen an die Börse. Innerhalb weniger Monate scheffelte Christian Millionen – und verlor darüber jede Bodenhaftung. Merkwürdigerweise verlor er auch die Erinnerung.

Je mehr Geld auf seine Konten floss, desto gravierender wurden seine Gedächtnislücken. Tatsächlich war es, als würde irgendwer alle Bilder und Szenen seiner Vergangenheit ausradieren.

Zunächst vergaß Julias Freund Orte und Objekte, die ihm früher viel bedeutet hatten. Die bodenständige Heimat, in der er die letzten Jahre seiner Jugend verbracht hatte, genau wie die Parkbänke und Spielplätze, auf denen er mit Freunden nächtelang geredet und geträumt hatte. Danach vergaß er seine Vorlieben und seinen Stil. Er vergaß, dass er lieber Dosenbier als Schampus trank und dass er Sneaker handgenähten Lederschuhen vorzog. Er vergaß seine guten Manieren. Und zu guter Letzt entfiel ihm, welche Menschen er geliebt hatte. Ein Fall von schwerer geldbedingter Amnesie.

»Du wirst sehen, mit dreißig bin ich Millionär«, hatte er Julia zu Beginn ihrer Beziehung prophezeit, und wider jede Wahrscheinlichkeit hatte er Recht behalten. Nur war er nicht mehr derselbe. Christian kaufte sich eine Wohnung, ganz in der Nähe des Spielcasinos, wo Roulette, Blackjack und Poker jede Nacht Gewinner von Verlieren schieden. Anzüge ließ er sich in Milano maßanfertigen. Innerhalb eines Jahres legte er sich einen beachtlichen Fuhrpark zu. Nachts schlenderte er an der Schlange der Wartenden vorbei in die teuersten Klubs, bestellte Champagner und verspritzte ihn flaschenweise auf der Tanzfläche. Christian war jetzt reich und sexy, sein neuer *place to be* war der Club MAX.

In seiner Wohnung und in seinen Geschäftsräumen in einer noblen Gegend hielt er Hof auf drei Etagen. Über Nacht war er zum IT-Kaiser aufgestiegen, wenn auch auf der Basis einer nicht ganz wahrheitsgetreuen Geschichte. Christians neue Welt war virtuell. In ihr fanden wir uns nicht mehr zurecht. Da war kein Raum für uns.

Ich weiß noch, wie wir an einem Wochenende im Herbst zu dritt durch Hamburg flanierten. Nach einem langen heißen Sommer roch die Luft schon nach Winter. Hier, weit weg von seinem Reich, war Christian beinahe wie früher.

Er berührte Julia am Arm, einen Augenblick sah es aus, als wollte er sich bei ihr einhängen, dann zog er die Hand zurück.

»Mädels«, sagte er gönnerhaft, »dieses billige Zeug mag ich nicht anfassen. Ihr solltet Kaschmir tragen, dreifädrig gearbeitet.«

Julia schluckte. »Meinst du?«, war alles, was sie rausbrachte.

Wir beide waren dermaßen verdattert, dass wir ihm ohne ein Widerwort in eine der Edelboutiquen am Neuen Wall folgten und einen Gutteil unseres Monatsgehaltes für superweiche Wolle hinlegten. Gut fühlte sich das nicht an.

Über ein Jahr weigerte Julia sich zu begreifen, dass es den Jungen nicht mehr gab, den sie geliebt hatte. Sogar als es Gerüchte gab, dass er ihr nicht treu war, blieb sie. Die Leute reden eben, dachten wir damals.

Du bist meine große Liebe, sagte er, und schenkte ihr als Zeichen seiner Zuneigung eine schicke Hightechuhr.

Ich weiß nicht, wann mir der Gedanke kam, der mich um meinen Schlaf brachte. Vielleicht blieb Christian nur bei meiner Schwester, weil er Angst hatte. Was, wenn er fürchtete, wir könnten David über seine Herkunft aufklären und ihm auf diese Weise das Geschäft verderben? Mir dämmerte, dass wir womöglich einen nicht geringen Anteil an Christian 2.0 hatten, an der neuen getunten Version unseres alten Freundes. Wir hatten ihn auf die Idee gebracht, seine Herkunft zu verleugnen, und Christian blieb dabei. Er zog das durch. Natürlich musste er uns von sich abschneiden. Julia und ich waren Zeuginnen. Wir erinnerten ihn daran, dass er nicht der war, der er vorgab zu sein, und standen für alles, was er so beflissen zu vergessen suchte.

Ich sprach mit meiner Schwester, und sie trennten sich. Es war ein stilles Ende in beiderseitigem Einvernehmen. Die Liebe, das, was sie verbunden hatte, war ohnehin schon längst passé. Christian wirkte beinahe erleichtert auf mich, aber vielleicht habe ich ihm das auch angedichtet.

Was dann geschah, hatte ich nicht kommen sehen. Der Schlag war aus dem Hinterhalt geführt und traf mich mit voller Wucht.

Ohne ein Wort, ohne eine Erklärung, verließ mich David. Von einem Tag auf den anderen verschwand mein Liebster aus meinem Leben. Wenn ich anrief, nahm er nicht mehr ab, von Freunden ließ er sich verleugnen. Nach zwei Wochen schrieb er eine SMS: »Nina, ich will dich nie mehr sehen, nie mehr hören. Bitte melde dich nicht mehr. Alles Gute. David.«

Mir war das unbegreiflich. Wenige Tage, bevor David aus meinem Leben verschwand, hatten wir uns in Hamburg eine Wohnung angeschaut – mit ihm, dachte ich damals, würde ich zusammenwohnen können. Ich war so verliebt.

Dieser Verlust schmerzt heute noch, und noch mehr schmerzt die Tatsache, dass ich nie erfahren habe, was genau den Ausschlag gab. Es hat keine Aussprache gegeben. Ich hatte nie Gelegenheit, mich zu verteidigen. Ich weiß nicht, ob Christian etwas damit zu tun hatte oder nicht, und will ihn hier nicht blind beschuldigen. Aber der Gedanke kam mir: Christian war Stratege, und er hatte Angst. Vielleicht wollte er verhindern, dass ich einen Keil zwischen ihn und David trieb. Julia und ich hatten eine Geschichte gestrickt, um ihn aufzubauen, und im Gegenzug strickte er eine Geschichte, um uns zu erniedrigen. Was soll ich sagen, Christian strickte mit dreifädriger Wolle. Echte Qualitätsarbeit.

Früher war ich voller Wut. Dann sagte ich zu Julia: »Christian ist der einzige Mensch, mit dem ich gerne zehn Minuten reden würde, ein Mal nur, und unter vier Augen – und danach nie wieder.«

Ich habe mir ausgemalt, wie David alle Geschäfte mit Julias Exfreund beendet, wie er mich anruft und mit erstickter Stimme um Verzeihung bittet.

»Nina«, hörte ich ihn sagen. »Wie konnte ich so dumm sein?« Ich gebe zu, dass das nicht alles war, mein Seelenregisseur gab ihm große Worte ein, »Liebe meines Lebens«, »unverzeihlich«, »größter Fehler« und so weiter und so fort.

Zum Glück habe ich Julia. Sie erinnert mich tagtäglich daran, wer wir sind und was uns ausmacht.

Auch zu Christian haben wir den Kontakt verloren. Ich weiß nicht, ob er heute glücklich ist, aber ich würde es ihm wünschen.

Damals, als wir durch die Klubs zogen, lachten und lästerten, als wir Drinks aus Plastikbechern tranken und von einem anderen Leben träumten, waren wir bei uns. Wir waren frei und glücklich.

Wir haben unseren Freund ausstaffiert wie einen Schauspieler, mit Drehbuch, Maske und Kostüm. Dann kam sein großer Auftritt. Über Nacht wurde er Shootingstar, und er vergaß, dass er nur spielte. Er ist schlicht und einfach in seiner neuen Rolle aufgegangen.

Julia, Christian und ich waren keine *Rich Kids*. Christian kam aus einfachen Verhältnissen. Wir kamen aus Niederseelbach. Wir hätten dazu stehen sollen.

Vielleicht hat diese Geschichte auch ihr Gutes. Vielleicht hat sie Julia und mich davor bewahrt, uns blenden zu lassen. Jugend ist verführbar. Als junger Mensch träumst du davon, ein anderer zu sein, du träumst von einem anderen Leben, und du bist bereit, vieles zu opfern. Christian hat den Jungen geopfert, der uns nahe war, und unsere Freundschaft gleich dazu.

Meine Schwester und ich haben zwei Männer verloren, die wir geliebt haben. Aber wir haben auch etwas gewonnen. Es ist eine schlichte Erkenntnis: Julia weiß, woher ich komme. Sie ist erwachsen, sie ist schön, ein Profimodel, und zugleich ist sie das kleine Mädchen mit dem Überbiss, das an der Treppe steht und weint, weil Mama sie verlassen hat. Sie ist die junge Frau, die stillschweigend erträgt, dass andere sie ausgrenzen. Julia ist mein Gestern und mein Heute und mein Morgen. Solange sie an meiner Seite ist, bleib ich mir treu.

Und was für uns gilt, gilt für alle Menschen: Ob Zwilling oder Nichtzwilling, ob Drilling, Vierling oder Fünfling: Wir haben nur eine wahre Geschichte. Erinnerungen, die erzählen, wie wir wurden, wer wir sind. Und wir haben Freunde, Eltern und Geschwister, die uns immer schon gekannt haben. Das sind unsere Verbündeten. Bei ihnen sind wir aufgehoben, mit unseren Erfahrungen, Träumen und Sehnsüchten, mit unseren Ängsten und unserer Lebenslust, mit unseren Fehlgriffen und falschen Entscheidungen.

Christian glaubte, er müsste sich neu erfinden. Deshalb hat er uns von sich abgeschnitten. Das ist traurig, aber menschlich.

Julia und ich haben ihn nicht vergessen. Wir reichen unsrem alten Freund die Hand und wünschen ihm nur Gutes. Manchmal fehlt er uns.

Sprungturm

Julia:

Aufgepasst, jetzt kommt ein kleiner Gastbeitrag. Ich lasse Julia einspringen, ich lasse sie erzählen, weil ihr dieser Augenblick noch immer viel präsenter ist. Meine Zwillingsschwester weiß viel besser, wie das ist, wenn du dich überwinden musst. Sie weiß es, weil so vieles sie an meiner Seite Überwindung kostet. Julia weiß genau, wie hoch ein Sprungturm ist.

Nina, das war immer schon kopfüber ins tiefe Wasser. Mit sieben Jahren schon, in Idstein, vom Dreimeterbrett. Und ich? Ich wollte nicht da rauf, und schon gar nicht da runter. Allerhöchstens rückwärts, mit beiden Händen am Geländer. Wie mein Vater litt ich früh an Höhenangst, und die setzte just in ungefähr drei Meter Höhe ein.

Wenn Nina nicht gewesen wäre, wär ich nie gesprungen. »Ihr müsst nicht, Kinder!«, hatte unsere Lehrerin während des Schwimmunterrichts im Hallenbad gesagt. »Das ist nur die Kür, das ist kein Pflichtprogramm.«

Schon während ich ihre Worte hörte, wusste ich, dass sie für mich nicht galten. Für mich würde es kein Schlupfloch geben. Nina stand in ihrem rosa Barbieeinteiler und Badelatschen neben mir und wippte in den Knien. Sie konnte es kaum erwarten, auf den Turm zu klettern, und sie würde es nicht erlauben, dass ich kniff. Wenn ich nicht sprang, würde ich den ganzen Nachmittag lang hören müssen, dass es so mit mir nicht weiterging. Nina konnte als kleines Mädchen manchmal durchaus altklug sein. Sie würde mir erzählen, wie absolut notwendig es im Leben war, Ängste zu überwinden. Meiner Schwester gelang es, aus einem albernen Sprung vom Dreimeterbrett eine alles entscheidende Frage zu machen. Alles, was ich war und alles, was ich sein würde, so stellte sie es dar, hing davon ab, ob ich diese dumme Leiter erklomm, auf dem schmalen Brett nach vorne lief und sprang.

Ich sah das anders. Dieser Sprung veränderte rein gar nichts. Ein kleines Mädchen würde von einem schmalen Brett aus drei Metern in die Tiefe springen, es würde eintauchen, abtauchen, hinabgezogen und wieder auftauchen, ein paar Liter Wasser würden sich bewegen, und mehr war es nicht. Auf der einen Seite der Gleichung war dieser völlig folgenlose Vorgang, auf der anderen waren Schwindel, Schweißhände, Herzrasen und flacher Atem. Angst.

Natürlich sprang ich trotzdem. Gegen meinen Willen und mit weichen Knien kletterte ich die Stufen hoch, hielt oben, auf der letzten, inne, zwang mich, meinen Blick nach vorn zu richten, ließ das Geländer los, lief drei Schritte, ballte die linke Hand zur Faust, sog Luft in meine Lungen, kniff mir mit der rechten Hand die Nase zu und – sprang. Natürlich mit den Füßen und nicht mit dem Kopf voran.

Am Beckenrand wartete mein Zwilling. »Gutgemacht!«, rief Nina, und ich lächelte sie an. In diesem Augenblick spürte ich, dass sie nicht ganz unrecht hatte, etwas war tatsächlich anders, nach dem Sprung, irgendetwas leuchtete in meiner Brust und wärmte mich von innen.

Das einzig Ärgerliche war, dass sie es nicht dabei beließ. Bei diesem einen Sprung. Ich fand, ich hatte Mut bewiesen, ich war stark und tapfer gewesen. Punkt. Nina hingegen war der Meinung, ich müsste immer, immer wieder springen, wenn ein Dreimeterbrett in Sicht kam. Eine einzelne kleine Mutprobe war meinem Zwilling nicht genug. Ich glaube, ich hab damals schon geahnt, dass das Leben an der Seite meiner Schwester mehr Sprungtürme für mich bereithielt, als mir lieb sein konnte.

Und genau so war es.

Nie werde ich den Tag vergessen, als Nina in der Tür meines Büros erschien und mit einem Blatt Papier herumwedelte. Es war ihre Kündigung. Es wäre gelogen, wenn ich behauptete, dass dieser Schuss, ich meine, dieser Schritt vollkommen aus dem Blauen heraus kam. Im Anschluss an unsere Ausbildung hatten wir am Wiesbadener Institut für Marketing und Kommunikation studiert. Ein Abendstudium. Zwei Jahre lang hatten wir nur gearbeitet, gelernt, geschlafen. Zwei Jahre lang hatten wir kaum gelebt. Erklärtes Ziel war es, uns selbstständig zu machen. Wann immer wir es einrichten konnten, nahmen wir kleinere Werbejobs und Shootings an. Diese Tage waren tropische Inseln in einem Meer aus Alltagsgrau. Das war es, was wir beide wollten: selbstständige Models sein.

In meiner Diplomarbeit hatte ich mich mit dem Thema »Depression und Burn-out« beschäftigt. Das Thema hatte sich mir richtiggehend aufgedrängt: Ich war derart k.o., derart überfordert, dass ich Angst hatte, auf den letzten Metern schlappzumachen. Nina schrieb über »Die Gesellschaft im demographischen Wandel«.

Stichwort »55+Marketing«. Das war ganz typisch: Meine Schwester sah nach vorn, während ich meine Wunden leckte. »Julia«, sagte sie begeistert, während sie zu ihrem Thema recherchierte »wir können noch als Omas Geld machen. Wir holen dann mit unseren lieben alten faltigen Gesichtern die ganzen anderen lieben alten Damen ab!«

Alles, was mein Zwilling tat, zielte auf unser beider Leben ab. Während sie paukte, klang die Freiheit schon in ihren Ohren.

Ich hatte der Selbstständigkeit zugestimmt, und trotzdem war mir bange. Immer wieder bat ich Nina um ein bisschen Aufschub, noch ein bisschen Sicherheit.

Irgendwann war es genug, fand sie. Als sie in meinem Büro auftauchte, gab es kein Zurück.

Ihre Wangen glühten, ihr Blick war so blau wie das karibische Meer und die Kündigung in ihrer Hand bereits mit schwarzer Tinte schwungvoll unterschrieben.

»Ich kündige!«, sagte sie fest. »Und du, mach, was du willst.«

Ich sah sie an, mir rann Schweiß die Stirn herab, ich dachte: Nein! Du lässt mich nicht zurück! Du hängst mich jetzt nicht ab!

Jetzt musste ich loslassen, ich spürte schon den Schwindel, wer frei ist, ohne Netz und Boden, kann tief fallen, dachte ich, und sagte trotzdem: »Warte! Gib mir fünf Minuten!«

Fünf Minuten später saßen wir im Zimmer unseres Chefs.

Wir waren entschlossen, uns freizukaufen – Herr Müller hatte unser Studium nur unter der Prämisse finanziert, dass wir zwei Jahre länger blieben, und wir hatten für alle Fälle Geld zurückgelegt.

Er sah uns eine Weile prüfend an, dann schob er seine Lesebrille auf die Stirn. »Modeln wollt ihr also, hauptberuflich?«

Nina nickte, ich blickte verlegen auf die weißen Knöchel meiner auf dem Tisch liegenden Hände.

»Mädels, passt mal auf, ich will das Geld nicht wiederhaben. Ich schätze, in drei Monaten seid ihr zurück – und wenn das nicht so ist, dann soll euer Wagemut belohnt sein!«

Nina und ich sind nicht zurückgekommen – und wir sind ihm ewig dankbar. Unverhofft waren wir abgesichert, Geld, mit dem wir nicht gerechnet hatten, würde uns durch dürre Zeiten bringen.

Als wir an diesem Abend die Agentur verließen, sah ich Nina an. Sie lächelte. »Das hast du gutgemacht.«

Und etwas war tatsächlich anders, nach diesem Sprung ins Ungewisse, irgendetwas leuchtete in meiner Brust und wärmte mich von innen.

Wenn wir heute junge Mädchen treffen, die vom Modeln schwärmen, können wir sehr ernst werden. Wir ermuntern sie, aber wir sagen auch Mahnwörter wie »Schule«, »Ausbildung« und »Studium«, egal, ob sie sie hören wollen oder nicht. Ohne unsere Ausbildung wären wir heute nicht da, wo wir sind. Nie wäre es uns gelungen, uns selber zu vermarkten. Nie hätten wir als Selbstständige dauerhaft Erfolg gehabt.

You got to know this

Nina:

Julia und ich modelten – aber nicht mehr für den Laufsteg, sondern für Katalog- und Werbekunden. Nach dem Pelz-Messe-Desaster waren wir noch zwei, drei Mal zum Probelaufen für große Shows gebucht worden, aber jedes Mal frustriert nach Haus gekommen. Wir passten einfach nicht in das Format.

Viele Designer lieben Einheitslook – zumindest in Bezug auf ihre Models. Je weniger individuell die Mädchen geschminkt und gestylt sind, desto stärker wirkt die Kollektion, die sie am Leib tragen.

Im Grunde produzieren Visagisten jede Menge Modelklons: Wenn die Models aus der Maske kommen, gleichen sie einander bis aufs Haar. Smokey Eyes und an den Kopf gelegtes, glattes Haar zum Beispiel. Eine gute Show hat etwas Fremdes, Abgehobenes. Science-Fiction: Wesen wie von einem anderen Stern, entrückter Blick und gleitende Bewegungen, Kleider und Stoffe, die aus Sternenstaub gewebt scheinen.

Julia und ich waren dafür immer zu lebendig. So sehr wir einander ähneln wollten, so sehr sperrte sich alles in uns dagegen auszusehen wie zwanzig andere. In einer Welt, in der plötzlich alle so etwas wie Massen-Zwillinge waren, kannten wir uns nicht mehr aus, da kamen wir buchstäblich ins Straucheln.

Meine Schwester und ich waren gut im Lebenspraktischen, Alltäglichen. Deshalb lag uns Werbung so. Wir warben für Danone, Otto, Karstadt und Toyota. Je mehr Jobs wir annahmen, desto sicherer wurden wir. Nur eines bereitete uns Kummer: Kein Kunde wollte uns zusammen engagieren. Immer hieß es »Entweder du oder deine Schwester«. Unsere Lebensformel war das Plus, eins und eins macht zwei, und zweisam ist das Leben schöner – da gehört das »ausschließende Oder« nicht hinein. Dass wir alleine arbeiteten, erschien uns völlig widersinnig.

Zu recht ermahnten uns die Booker, Unterschiede zu betonen. »Ihr teilt den Markt unter euch auf, Mädels. Ihr nehmt euch gegenseitig Jobs weg – das macht keinen Sinn!«

Sie hatten recht. Julia und ich hatten ein, zwei Zwillings-Shoots auf unseren Sedcards, aber damit kamen wir nicht an. Niemand buchte uns zusammen. Das, was uns ausmachte, stand uns zugleich im Weg.

Mich machte das wütend, Julia traurig.

Da es nicht anders ging, arbeitete jede für sich – aber nie im Alleingang. Wann immer möglich, begleiteten wir einander zu den Shootings.

Wer glaubt, das Modelleben sei nur Jetset, Flashlight, Fashion, Passion, der irrt. Es bedeutet Anstrengung und Arbeit. Overtime: zwölf- bis fünfzehnstündige Shootings ohne nennenswerte Pausen. Trouble mit Fotografen und Visagisten. Dass es manchmal Ärger gibt, liegt weniger an den Menschen, mit denen wir arbeiten, als an den Umständen. Models kommen und gehen, die Teams vor Ort aber bleiben. Wenn ein Visagist versehentlich ein Veilchen schminkt statt Smokey Eyes oder das

Make-up viel zu dick aufträgt, wird er alles versuchen, um von seinem Fehler abzulenken.

»Sie hat so dunkle Augenringe«, wird er dem Fotografen mit Kummermiene sagen, »mach lieber kein Close-up von ihren Augen!« Oder: »Ich glaube, gestern Nacht hat sie durchgemacht! Solche müden Augen hab ich ja noch nie gesehen!«

Dahinter steht die Angst. Visagisten, Hairstylisten, Fotografen gibt es wie Sand am Meer. Seit der digitalen Bildbearbeitung kann jeder eine Kamera bedienen. Die echten Fotografen, die mit dem Künstlerblick, dem Sinn für das perfekte Still, für Licht und für Komposition, triffst du immer seltener. Sie sind einfach zu teuer. Genauso ist es mit dem Styling und dem Make-up – und den Models selbst. Heute sind wir alle viel ersetzbarer als früher. Heute schaffen Bilder Wirklichkeit, nicht umgekehrt.

Anfangs schwiegen wir, wenn man uns die Schuld an anderer Leute Fehler gab. »Macht euren Job und nicht den der anderen«, lautet ein unausgesprochenes Gesetz.

Das ist Unsinn. Heute machen wir den Mund auf, und es geht uns gut damit.

Nie werde ich ein Katalogshooting in Karlsruhe vergessen. Julia und ich hatten uns bereits selbstständig gemacht, wir waren knapp dreißig und fielen altersmäßig in die Kategorie *Best Ager*. Das klingt nach grau meliertem Haar und einem Oldtimer in der Garage. Nach »mittleren Jahren« und »bestem Alter«, nach »Reife«, »Blüte« und womöglich gar nach »Pensionär«, nach gängigen Beschönigungen für ein heikles Thema.

Im Volksmund heißt es, Models müssten jung, jung, jung sein. So ist das nicht richtig. Nur im Bereich *high fashion* ist mit Mitte zwanzig Schluss. Werbe- und Katalogkunden buchen ganz gezielt »ältere« Models. Wie sollte es auch anders sein? Die Frauen, die einen normalen Alltag leben und nicht ständig zwischen mondäner Society, Show-ups und Events in den Metropolen der Welt hin und her jetten, wollen sehen, wie ein Kleid, ein Stoff, ein Trend an ihresgleichen aussieht, nicht an jungen Dingern. Für mich war das Älterwerden nie erschreckend. Entweder du stirbst oder du wirst älter. Mehr fällt mir dazu nicht ein.

Wenn du es schlau anstellst, verdienst du mit dreißig aufwärts richtig Schotter. Das Geheimnis heißt Natürlichkeit. Eine Dreißigjährige, die alles daransetzt auszusehen wie mit fünfundzwanzig, kann auf Dauer nur verlieren. Nehmen wir mal einen schönen vollen Botox-Mund. Vergessen Sie die Horrorbilder aus der Regenbogenpresse. Ein Topchirurg kann Lippen aufspritzen, ohne dass sie aussehen wie Autoreifen. Trotzdem werden sie den Frauen zum Verhängnis. Auf Profibildern zeigt sich nämlich eine weiße Kante am Lippenrand. Der Blitz der Kameras macht Unsichtbares sichtbar. Das ist ein bisschen wie mit Zaubertinte: Wenn du ein weißes Blatt mit Zitronensaft beschreibst, sieht es noch immer weiß aus. Erst wenn du es trocknest und vor die Flamme einer Kerze hältst, wird die Botschaft lesbar.

Julia und ich waren *Best Ager* – selbstbewusst, natürlich und erfahren. Der Fotograf in Karlsruhe war ein übler Typ. Er hatte eine schlechte Aura. Julia würde das nicht schreiben. Wenn ich es aber schreibe, wird sie zustimmen. Denn so war es nun mal.

Ich shootete für einen Katalogkunden, Homewear, Nachthemden und Schlafanzüge, und meine Schwester hatte mich begleitet. Nachtwäsche ist eine heikle Sache. Der Stoff darf keine Falten werfen, es braucht Körperspannung und Geschick, damit Pyjamas oder Nachthemden zur Geltung kommen. Mir war das bewusst – und ich beherrschte die Tricks.

»Sag mal, was ist denn los mit dir?«, nörgelte der Fotograf grundlos an mir herum. »Bewegen liegt dir nicht, oder? Ist das heute eigentlich dein erster Job? Noch nie vor der Kamera gestanden?«

Dieser Typ war eine echte Anmaßung. Mich als Anfängerin zu bezeichnen, war in etwa, als würde ein Verkäufer eine Fünfundachtzigjährige mit »Hallo, junge Frau!« begrüßen und womöglich noch durch die Zähne pfeifen.

Eine Weile hab ich mir das angehört. Dann hab ich mich gewehrt.

»Ja, du hast recht, das ist mein erstes Shooting«, rief ich mit zuckersüßer Stimme. »Was für ein Glück, dass ich an einen Vollprofi wie dich geraten bin.«

Ironie ist die schönste Form der Selbstbehauptung. Dieser Typ war wie ein Kugelfisch, er blies sich tierisch auf, und Ironie war die Waffe, die sein Ego zum Platzen brachte.

Eine Weile ging das Spiel so weiter, schaukelte sich hoch. Dann hatte ich genug.

»Pass auf, noch so ein Spruch, und du siehst mich von hinten. Meine Schwester und ich marschieren durch diese Tür hinaus und du kannst auf der Straße nach Ersatz suchen.«

Der Spruch kam – und wir gingen. In ein Steakhouse. Ich kann mich nicht erinnern, dass mir eine fette Ofenkartoffel mit Sourcream und Lachsstreifen jemals so gut geschmeckt hätte wie an diesem Nachmittag.

Natürlich rief ich sofort den Booker an, der mir den Job vermittelt hatte.

Mit 16 Jahren haben wir angefangen, erste Bilder für die Bewerbung bei Modelagenturen selbst zu schießen.

Wir bei unserer Taufe mit 14. Wir wollten gerne getauft werden, um mit unseren Freundinnen Konfirmation feiern zu können. Hier mit unserer Taufkerze und sehr schlecht gelaunt ...
Da uns die späte Taufe etwas peinlich war, haben wir ausnahmsweise nicht das Gleiche getragen, um nicht noch mehr aufzufallen.

Unsere ersten Modelversuche mit 16 Jahren. Das ist übrigens unsere Naturhaarfarbe, braun.

Julia M.

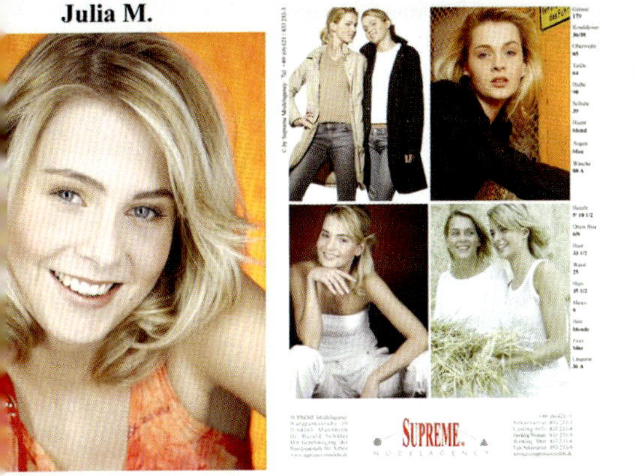

Nina M.

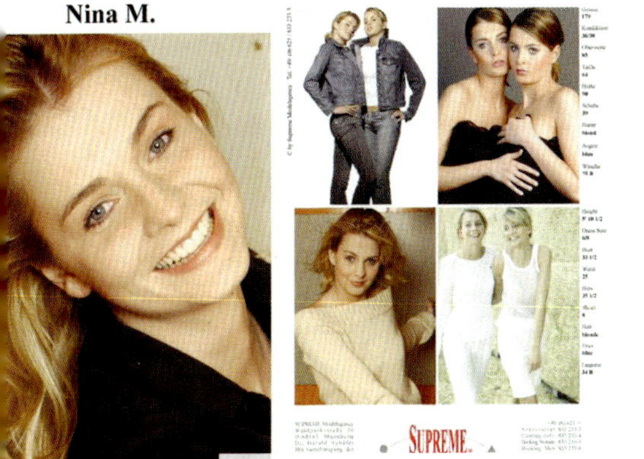

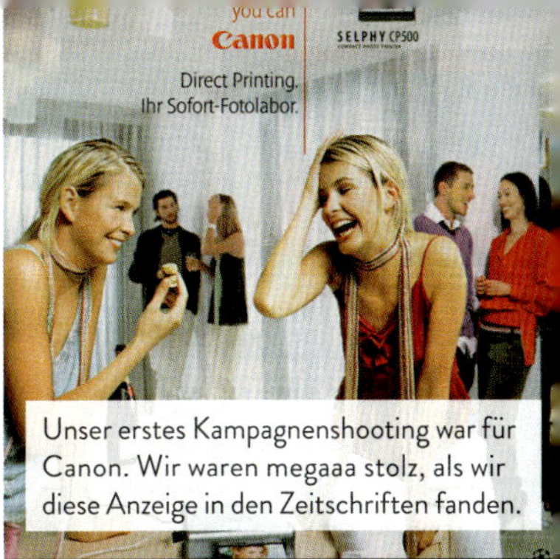

Unser erstes Kampagnenshooting war für Canon. Wir waren megaaa stolz, als wir diese Anzeige in den Zeitschriften fanden.

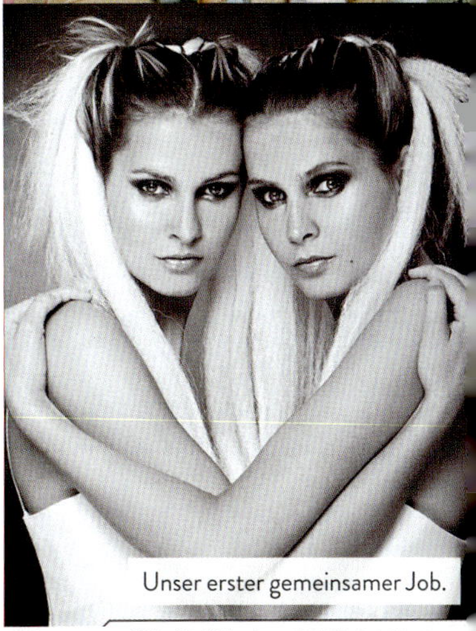

Unsere erste semiprofessionelle Setkarte.

Unser erster gemeinsamer Job.

Unsere erste professionelle Zwillingssetkarte mit Anfang 20.

Immer noch eines unserer absoluten Lieblingsbilder.
© Ann Weitz

Unser erstes Setkarten-Cover aus Kapstadt, Nina mit kurzen Haaren, Julia noch mit langen.
© Jan Philipp Harder

Unsere Fotos von unserem Shooting in Kapstadt mit Milan Cronje. Für diese Fotos sind wir um die halbe Welt gereist, genau solche Fotos wollten wir immer haben.

Weitere Fotos von unserem Shooting in Kapstadt mit Milan Cronje.

Hier mit dem TV-Team von »Auf und davon« (VOX).

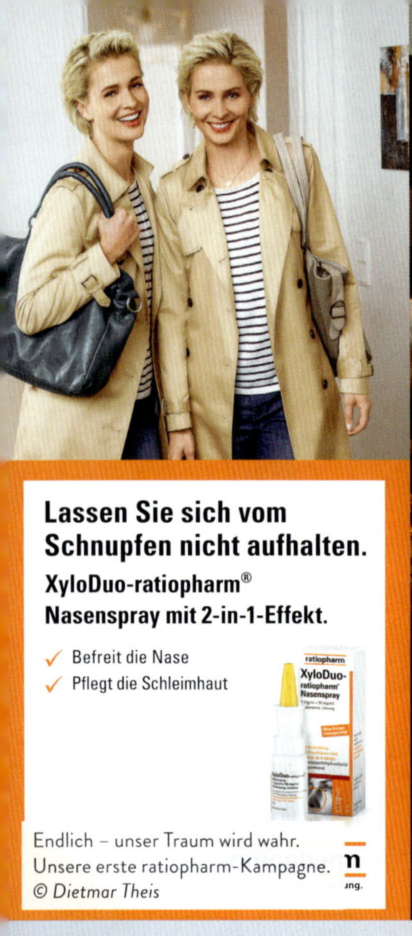

Lassen Sie sich vom Schnupfen nicht aufhalten.

XyloDuo-ratiopharm® Nasenspray mit 2-in-1-Effekt.

✓ Befreit die Nase
✓ Pflegt die Schleimhaut

Endlich – unser Traum wird wahr. Unsere erste ratiopharm-Kampagne.
© Dietmar Theis

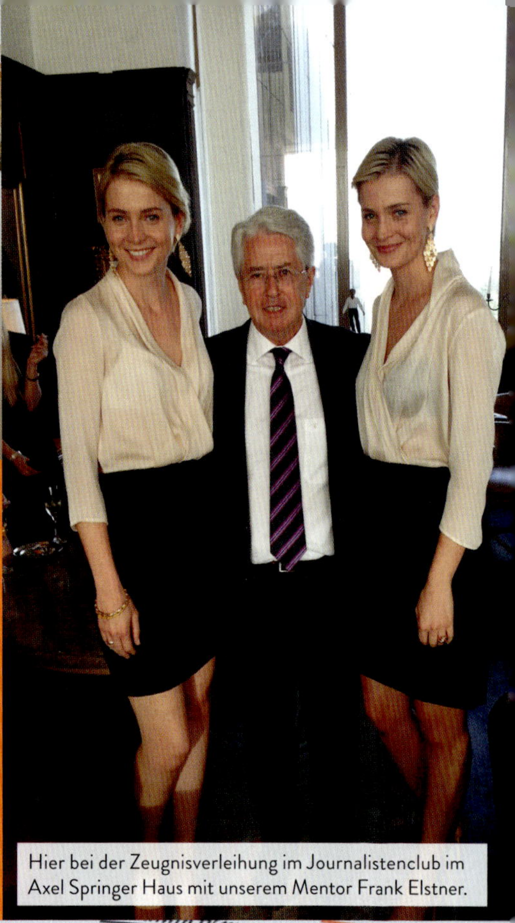

Hier bei der Zeugnisverleihung im Journalistenclub im Axel Springer Haus mit unserem Mentor Frank Elstner.

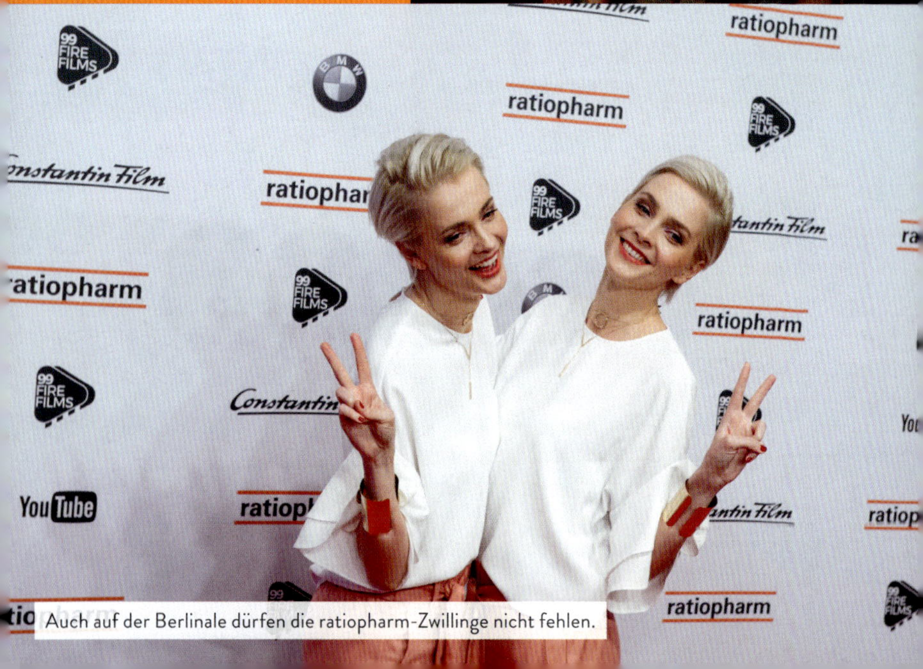

Auch auf der Berlinale dürfen die ratiopharm-Zwillinge nicht fehlen.

Bei einem Fotoshooting mit Topmodel Markus Schenkenberg in Ägypten.

Auch während Fotoshootings macht Nina ständig Selfies, hier bei einem Shooting in St. Peter Ording für den Designer Emanuel Hendrik.

© Nhi-Long Ngo

© Martin Höhne

Und hier noch ein Foto unseres Lieblingsfotografen Peter Müller.

»Pass auf, es ging nicht. Dieser Typ hat mich permanent beleidigt. Den kann der Kunde nicht auf Models loslassen.«

Die Reaktion fiel wie erwartet aus.

»Nina, das hab ich echt noch nie gehört! Die andern Mädchen lieben ihn! Wie konntest du das tun? Was war nur los mit dir?«

In einer solchen Situation sind dir die Hände gebunden. Du kannst dich nicht direkt an den Kunden wenden. Wenn unser Agent mir nicht zur Seite sprang, würde der Fotograf das letzte Wort behalten. Und es würde nicht gerade freundlich ausfallen ...

In den Augen unseres Bookers hatte ich mich unprofessionell verhalten und einen guten Job verspielt. Ich war ein Troublemaker, viel zu eigensinnig.

Ein halbes Jahr lang hörte ich nichts von ihm. Ich nahm das hin – ich hatte nichts anderes erwartet. Überrascht war ich, als er sich irgendwann mit einem Angebot zurückmeldete. Er klang freundlich, einlenkend.

»Inzwischen haben sich noch andere beschwert, du weißt schon, Nina, dieser Fotograf.«

Das war ein Friedensangebot. Ein Schulterschluss. Ich hatte seine erste Reaktion verstehen können, umso glücklicher war ich über die unverhoffte zweite. Der Markt ist eng, und viele haben Angst. Mein Booker konnte es sich nicht leisten, Kunden zu verlieren.

Jetzt bin ich wieder abgeschweift. Wird Zeit, dass Julia übernimmt. Meine Erinnerungen halten sich nicht an die Reihenfolge, sie stolpern, machen Ausfallschritte, tänzeln und posieren. Zum Glück ist dieses Buch keine Prada-Show. Aus der würden sie alle rausfliegen, schon nach dem ersten Probelauf.

Was ich sagen wollte, war, dass manche Shootings enorm an den Nerven zehren. Dass manche Fotografen, Stylisten und Visagisten dich klein machen, sie verfüttern dich an ihre Egos, das ist, als wollten sie dich zum Verschwinden bringen.

Nach einem solchen Shoot bist du vollkommen ausgelaugt. Du suchst Vertrautes, aber auf dich wartet ein Hotelzimmer, irgendwo in einer fremden Stadt. Die Leere eines Hotelzimmers. Die Leere in dir, wenn du das aufgesetzte Lächeln ausknipst und den Fernseher an.

Dann brauchst du jemanden an deiner Seite. Jemand der dir sagt: Komm her, ich sehe dich, so wie du bist. Ich kenne dich, bei mir bist du gut aufgehoben. Du brauchst einen Verbündeten.

Irgendwo hab ich gelesen, dass Zwillinge sich anfangs nicht als Ich und Du begreifen. Da gibt es nur das Wir, das sich entwickelt, sucht und ausprobiert.

Laut *Huffington Post* untersuchten Forscher einer Universität in Padua 3D-Videos von Zwillingen in der Gebärmutter. Nach vierzehn Schwangerschaftswochen streckten die Zwillinge die Hände nacheinander aus. Nach achtzehn Wochen berührten sie den anderen öfter als sich selbst. Was mich besonders rührte, war die Randnotiz: die Zwillinge wären äußerst vorsichtig, nie würden sie einander verletzen, nur abtasten, befühlen, ganz behutsam.

Der Mutterleib ist eine Raumkapsel, du bist ein kleiner Kosmonaut, das Universum draußen atmet, lebt, versorgt dich, du nimmst Stimmen und Gerüche wahr, Bewegungen und Rhythmen, Beats. Du weißt nicht, wo die Reise hingeht, blind und stumm bist du, aber nie allein, bei dir ist dein kleiner Kopilot. Und im schwerelosen Raum streckst du die Hände nach ihm aus – ist das nicht schön?

Später kommt es durchaus vor, dass ein Zwilling dem anderen den Schnuller in den Mund steckt und sich selbst damit beruhigt. Der eine boxt dem andern gegen den Arm, fängt aber selber an zu jammern. Symbiotisch, nennt man das. Ein bisschen was davon ist uns geblieben. Julia ansehen ist wie eine Vergewisserung. In ihr finde ich mich wieder.

Wer keinen Zwilling hat, der sollte auf die Suche gehen nach Verbündeten. Es ist ein Fehler, in den anderen Mädchen Konkurrentinnen zu sehen. Zum Beispiel Catherine und Laura. Eine groß und dunkelhäutig, krauses Haar, sehr sinnlich, auffällig. Die andere ein heller, zarter Typ, mit blondem Haar und himmelblauen Augen. Beide wunderschön, jede auf ihre Art. Seit Jahren sieht man sie zusammen. Wann immer eine gebucht wird, versucht sie, die andere mit ins Boot zu holen. Ihr Leben ist ein Model-Roadmovie, sie sind unterwegs, sie sind zu zweit, und sie sind gut darin. Oft machen Kleinigkeiten einen großen Unterschied: eine Flasche kühles Leitungswasser bei einem Dreh mit Overtime, der Hinweis, dass dein Koffer offen steht, ein kurzes Lächeln oder Augenzwinkern. Zu zweit bist du weniger allein – und du bist stärker. Catherine und Laura haben ein ganz anderes Standing gegenüber Kunden, Fotografen und Visagisten, als Models, die sich hinter ihrer coolen Attitude verschanzen und für sich alleine kämpfen.

Als Julia mit den beiden für eine Roadshow von P&C gebucht wurde – ein Städtetrip mit Shows in allen großen Städten, moderiert von Alexander Mazza, haben sie sie einfach adoptiert, in ihrer Mitte aufgenommen. Unter Models ist das ungewöhnlich: solche Offenheit. Der Druck ist groß, und Druck macht einsam.

Julia und ich halfen einander – und wir teilten uns die anfallenden Aufgaben.

Meine Schwester war quasi der Innenminister von uns beiden. Sie erledigte die Verwaltung, sie prüfte und wog ab. Hielt mich zurück, wenn ich mal wieder vorpreschte. Bis heute kommt uns ihre Ruhe bei Verhandlungen zugute. Wenn uns einer einen guten Job vorschlägt, brennt mir das Ja schon auf der Zunge: »Ja, natürlich, klar, das würden wir auch billiger machen, ich meine, für diesen Wahnsinnsjob würden wir sogar bezahlen, unter Umständen, also ...«

Bevor mir solche verhängnisvollen Zusagen entschlüpfen, schalte ich den Zwilling in meinem Kopf ein und lasse ihn mitlaufen. Ich weiß genau, wie Julia in dieser Situation reagieren würde, und das hilft mir ungemein. Die Art, wie sie Gesprächspartner anschaut, wie sie die Stille dehnt und dauern lässt, ist unersetzbar. »Abwarten, lass die erst mal kommen«, rät sie, und ich halte mich daran.

Meine Schwester ist also unser Innenminister, während ich, um im Bild zu bleiben, die Aufgaben eines Außenministers übernehme. Netzwerken etwa, Kontakte pflegen und Kommunikation.

Jeder Berufszweig hat seinen eigenen Jargon. Es gibt die Jäger- und die Fischersprache, das Ärzte-Latein, Juristen-Deutsch und Manager-Denglisch, die Sprache der Politiker, der A- und B-Promis. Und die der Modeleute. Es dauerte eine ganze Weile, bis ich sie aus dem Effeff beherrschte – ehrlich, am Anfang war ich vollkommen verunsichert.

Ich weiß noch, dass Julia und ich uns bei den ersten Shootings fühlten wie zwei Aliens. Alle schienen sich zu kennen, alle waren Freunde, alle liebten sich und lachten, nur wir standen am Rand und staunten.

Die Modesprache hat eigene Gesetze und Gepflogenheiten. Sie ist klangvoll und lebt von Koseworten. Generell gilt: Da darf's ruhig a Bussi mehr sein. Und es gibt gewisse Stich- und Schlagwörter, die jedes Greenhorn kennen sollte:

Kleines Mode-ABC

A wie Anrede
Darling, Schätzchen, Süße! Sowohl im mündlichen als auch im schriftlichen Bereich sind Koseworte in der Modesprache unumgänglich. Wer dich *Schätzchen* nennt, denkt sich dabei nicht viel, außer, womöglich: *Mädchen, wie hießt du noch mal? Ach, egal, ich kann mir echt nicht alle Namen merken!*

F wie First Choice
Bei dem Ausdruck *first choice* klingeln mir die Ohren. First choice ist sehr verräterisch. Lassen Sie mich das anhand eines kurzen E-Mail-Wechsels illustrieren:

6:45 Uhr
Dringende Anfrage für Nina M.

Schätzchen, ich hab dich einem Kunden vorgeschlagen, und der will, der will dich unbedingt! Du bist first choice *für ihn! Wir brauchen nur noch ein klitzekleines Video von dir, bis heute Mittag, du, im Sommer-Outfit, draußen joggend, dann machst du eine kurze Pause und trinkst einen Schluck Wasser. Und Polas bräuchten wir, und ein Bild mit frontalem Blick in die Kamera, in der rechten Hand die Wasserflasche, die muss sehr gut sichtbar sein. Schaffst du das bis heute 12 Uhr? Die Gage ist super, es lohnt sich – und gedreht wird in Cape Town!*

7:56 Uhr

RE: Dringende Anfrage für Nina M.

*Liebe Annemie,
draußen herrschen Minusgrade, es ist Januar. Heute bin ich unterwegs, geht auch bis morgen?*

7:58 Uhr
RE:RE: Dringende Anfrage für Nina M.

Süße! Nein, auf keinen Fall, es muss unbedingt heute sein! PPM (Pre-Production-Metting) ist heute um 13 Uhr. Aber du schaffst das schon! XXX Love!

Du verschiebst Termine, sagst das Abendessen mit der Mutter ab, kramst kurze Shorts aus deinem Schrank, ein Tanktop, atmest durch, rennst los und frierst. Die Leute auf der Straße gucken, lachen, die hat eine Meise, sagen ihre Blicke – Meise, denkst du, gar nicht falsch, tapfer ignorierst du sie, läufst weiter – das macht Gänsehaut!

Um Punkt zwölf Uhr schickst du das Material per WeTransfer, zwei Tage wartest du, die Rückmeldung bleibt aus, dafür bekommst du einen Schnupfen. (»Aber da gibt's doch was von ratiopharm« – denkst du und brichst in Lachen aus und läufst zur Apotheke...)

Noch zwei Tage später kommt die heiß ersehnte Nachricht, und verglichen mit der ersten klingt sie richtig winterlich, dermaßen kühl:

18:30 Uhr
RE:RE:RE:Dringende Anfrage für Nina M.

Liebe Nina, der Kunde hat sich für ein anderes Mädchen entschieden. Beim nächsten Mal, und lieben Gruß.

First choice bedeutet überhaupt nicht viel. Es heißt, frei übersetzt »gib alles, ganz vielleicht kriegst du den Job«.

G wie *GNTM*
Models lieben Heidi Klum – und fürchten sie. Nicht sie natürlich, sondern ihr Format und seine Wirkung.

Wer glaubt, hinter den Kulissen großer Shows und Shootings ginge es zu wie im Fernsehen, der irrt. Gefühlsausbrüche, Gerede und Getratsche, das ist alles rein fiktiv. Für mich hat es beinahe etwas Rührendes: Heidis großes Kino. Auch die sogenannten Extremshootings, die *GNTM*-Zuschauer so fesseln. Julia und ich haben uns noch nie im Bikini auf einem Eisblock geräkelt und dabei so entspannt gewirkt, als lägen wir am Strand von Ibiza. Noch nie hat uns ein Designer ausgezogen, schwarz angemalt und uns eine handtellergroße Vogelspinne ins Dekolleté gesetzt. Was *GNTM* zeigt, nennt man *challenging* – Modestunts, die Quote bringen.

Der Realitätsfaktor geht gegen Null, und doch hat das Format die Wirklichkeit in den letzten zehn Jahren verändert. Plötzlich wollte, konnte jedes Mädchen Model sein. Sie fluteten den Markt, die Welle schwappte über, Agenturen zogen Dämme hoch und schlossen ihre Türen. Als Julia und ich im Jahr 2000 zu modeln begannen, bot jede namhafte Agentur offene Castings an. Bald hatten wir eine Agentur in jeder großen deutschen Stadt, in Zürich und in Wien. Heute läuft das so nicht mehr.

GNTM hat die Modewelt verändert, und trotzdem guckt es jeder. Das Format macht Models Spaß. Ob Profijockeys sich in den Achtzigern genauso über *Rivalen der Rennbahn* amüsierten? Ob Ärzte

Schwarzwaldklinik guckten? Was soll ich sagen, *GNTM* ist einfach eine richtig gute Show – und dafür hat die Modewelt ein Faible.

M wie Merry X-mas
Weihnachtsgrüße sind bedenklich – erst recht, wenn sie die Neujahrswünsche gleich mit einschließen. *Merry X-mas und alles, alles Liebe für den Jahresanfang*, sagt, frei übersetzt, *Wer weiß, wann wir uns wieder hören, Schätzchen, hast ja einen ziemlich üblen Lauf gehabt im letzten Jahr.*

P wie *pure*
Wenn wir zu hören kriegen: *Ihr seid so natürlich, ihr zwei Süßen, so ein toller Look, so pure*, ziehen Julia und ich die Köpfe ein. Aus Booker-Mündern ist *pure* ein äußerst zweischneidiges Attribut. Es meint zum Beispiel: *Ich kann nicht glauben, dass ihr noch immer nicht über eine Brustvergrößerung nachdenkt. Mit euren Minikörbchen kriegt Ihr niemals einen Wäschejob!*

X wie XXX:
Neunundneunzig von hundert E-Mails enden mit »XXX«. Ich dachte lange, dieser Zifferncode sei Teil der E-Mail-Signatur. Eine Art Schlüsselwort der Modebranche. Ohne zu wissen, was genau die Xe meinten, übernahm ich sie. Irgendwann fasste ich mir ein Herz und erkundigte mich nach der Bedeutung dieser sonderbaren Zeichen.

»Schätzchen«, rief meine Kollegin, »Wusstest du das nicht? Das kommt aus Amerika und bedeutet: Küsse!«

»Ach so?«, kurz stutzte ich. Bis dato hatte ich ungezählte Mails gedankenlos mit XXX unterschrieben. Ohne es zu wissen, hatte ich Hunderte Models, Booker und Agenten abgeküsst. Noch später erfuhr ich, dass das Kürzel ursprünglich *explicit adult content* meinte und damit Filme für Erwachsene ... Das machte mir nun wirklich Kopfzerbrechen. Ich brauchte eine Weile, bis ich es wieder vergaß.

Heute weiß ich, dass eingehenderes Forschen dich nicht immer weiterbringt. »XXX« meint in der Modebranche schlicht und ergreifend: *Tschüss [Süße/Schätzchen/Darling/meine Schöne] – und mach's gut!* Aber es klingt sexy – oder?

Anfangs war ich völlig lost – aber inzwischen mag ich den Jargon. Indirektes Reden, Koseformen, Nettigkeiten, Nichtigkeiten. Was ist schon dabei, wenn wir einander ständig liebe Dinge sagen?

Vielleicht tut es sogar ein kleines bisschen gut?

Wenn ich Nachwuchsmodels einen Rat geben darf, dann rate ich trotzdem zu Wachsamkeit. Amüsiert euch, verteilt Bussis und Liebkosungen. Aber vergesst nie, den Translator mitlaufen zu lassen – sonst riskiert ihr bittere Enttäuschungen.

Das Lächeln der ratiopharm-Zwillinge

Halten Sie sich fest, nun machen wir einen Zeitsprung. Wir müssen zurück nach Niederseelbach in das Jahr 2000. Was jetzt kommt, lässt sich nicht so einfach »miterzählen«. ratiopharm ist die Story unseres Lebens.

Sie beginnt an einem ganz gewöhnlichen Freitagabend.

Wir waren sechzehn, als Folke und Gyde unsere Herzen im Sturm eroberten. Wir hockten vorm Fernseher und guckten irgendeine Daily Soap. Vermutlich war es *Verbotene Liebe*. Das Karussell der Herzen drehte sich, das war ganz nett mitanzuschauen, aber nicht besonders aufregend. Aufregend war, was dann kam. In der Sendepause. Zwei blonde junge Frauen. Ach was, Frauen, Engel! Genauso blond wie wir, genauso blauäugig, nur etwas älter. Einander wie aus dem Gesicht geschnitten. Zwillinge in einem Werbespot von ratiopharm!

Erst verwirrten die beiden einen braven Familienvater (geblendet von der doppelten Schönheit, die ihn unvorbereitet auf dem Gehweg einer beschaulichen Wohnsiedlung traf, vergaß der Arme ganz, den Autoschlüssel aufzufangen, den ihm seine Angetraute aus dem zweiten Stock ihres Einfamilienhauses zuwarf, – dessen Bausparvertrag er vermutlich mit täglich acht Stunden Arbeit als Versicherungsjurist abgalt, jedenfalls sah er so aus –, sodass das Teil sehr unglücklich von schräg oben auf seinen blanken Schädel fiel), dann halfen sie ihm freundlich über seine Verwirrung und die mit dieser Begegnung einhergehenden Kopfschmerzen hinweg, indem sie mit ihm eine gut sortierte Apotheke aufsuchten und zu ratiopharm-Tabletten rieten!

Dieser Clip war wundervoll! Er hatte alles, was wir liebten! Ein eineiiges Zwillingspaar, rosa Frühlingskleider, einen verwirrten Muggel, ich meine, Nichtzwilling, eine Prise Humor – und eine Apotheke!

In gewisser Weise hatte für Julia und mich die Stunde der Wahrheit geschlagen.

Wir waren ratiopharm erlegen. »Gute Preise – gute Besserung« – das klang nach einem schlichten, guten Motto. Auch der Twin-Twist hinter der Kampagne amüsierte uns. Als Generikaanbieter sagt der ratiopharm-Konzern: Unser Produkt ist genauso gut wie das Original, nur günstiger.

Eines Tages würden wir Kampagnenträger sein.

Julia hätte ihre heiß geliebte Apothekenluft, mit mir zusammen würde sie Pillen, Salben und Verbandsmittel anpreisen, und ganz Deutschland würde sich an uns erfreuen. Mama würde sehen, dass wir Glück brachten, Gesundheit. Dass wir gute Mädchen waren.

ratiopharm traf uns so unverhofft wie jede große Liebe. Meine Schwester und ich waren Feuer und Flamme – und wir ahnten nicht, dass wir Jahre warten müssten, bis unser Gegenüber uns erhörte. Jahre voller Sehnsucht und Enttäuschung warteten auf uns – wenigstens, was ratiopharm betraf.

Manchmal ist Unwissenheit von Vorteil.

Niederseelbach war ein Kaff – aber es war mit der weiten Welt verbunden. Im Jahr 2000 war das World Wide Web ein unendlich weitverzweigter Raum voller geheimnisvollem Wissen. Und unsere Freundin Natalie hatte den heiß begehrten Schlüssel. Stundenlang saßen wir am PC im Arbeitszimmer ihres Vaters und verschlangen alles, was sich über Folke und Gyde finden ließ. Die Hamburger Zwillinge waren wie wir – zumindest sah es ganz so aus. Wenn eine ein Glas Wein zu viel trank, lasen wir frohlockend, hatte die andere am nächsten Morgen Kopfschmerzen. Wir erfuhren, dass beide als Models gejobbt hatten, bevor ratiopharm sie anwarb, und dass sie parallel studierten. Alles das wollten wir auch.

Drei Jahre später – Julia und ich büffelten gerade für das Abitur – hörten wir, dass Folke und Gyde eine »Mehrlings-Agentur« gegründet hatten. »Erbse und Wurzel« vermittelte europaweit Zwillings, Drillings-, Vierlingsjobs und Castings. Über sie erfuhren wir, dass ratiopharm in Hamburg im Rahmen eines Zwillings-Sommerfestes castete. Alt und jung, dick und dünn, klein und groß, hell und dunkelhäutig – jeder, der mit einem Doppelgänger punkten konnte, war eingeladen.

Es war Sommer, als Julia und ich in der Hansestadt ankamen. Die Stadt war voller Zwillinge. Ein riesiges buntes Zwillingsstraßenfest an einem Platz unweit des Ballindamms, in Binnenalster-Nähe. Überall standen Zelte und Fressbuden, es gab Double-Burger, Double-Drinks und Double-Desserts – »Zwei zum Preis von einem«, lockten Restaurants, – »heute nur für Zwillinge!« Aus Lautsprechern erschallte »Da-Da-Un-Pa« – das lustige Lied, mit dem die Kessler-Zwillinge sich anno dazumal in die Herzen der Römer geträllert hatten.

Alles und jeden gab es doppelt – und alle Zwillingspärchen glichen sich aufs Haar. Omas, Opas, Babys, Teens und Twens. Süße Säuglinge in Kinderwägen. Die gleichen Schnuller, Sonnenhüte, Sommerkleider, Bärte, Irokesen, Dutts und Dauerwellen. Die gleichen Tätowierungen auf starken Männerarmen. Die gleichen Dekolletés. Wir kamen aus dem Staunen nicht heraus, es war unglaublich, und zugleich war es, wie endlich, endlich ankommen. Endlich stimmte unsere Optik.

Von Weitem sahen wir Folke und Gyde. Umringt von Zwillingspärchen unterschrieben sie Autogrammkarten und lächelten für Fotografen.

Eine Weile schwammen wir entzückt in einem Meer von Zwillingen. Dann wurde mir schwindelig. Das hier war wunderschön, und doch – verwirrend: Zum ersten Mal in unserem Leben waren Julia und ich die Normalsten von der Welt. Vollkommen unauffällig, um nicht zu sagen langweilig.

Ich stupste meine Schwester an: »Findest du nicht auch, wir gehen ganz schön unter, hier?«

Sie nickte: »Ja – aber das ist doch angenehm!«

Vor einem großen blauen Zelt wies ein Gyde-und-Folke-Pappaufsteller in Lebensgröße auf das Casting hin, um dessentwillen wir gekommen waren. Am Eingang hatte sich eine endlose Schlange von Mitbewerbern und -bewerberinnen gebildet. Mir dämmerte, dass wir naiv gewesen waren.

Wir hatten uns nirgendwo angemeldet, und wir wussten nicht, an wen wir uns hier wenden sollten. Zwei rothaarige Mädchen mit lustigen Sommersprossen erklärten uns, wir müssten uns zunächst in einem der anderen Zelte registrieren lassen. Auch dort warteten Hunderte Zwillinge.

Julia und ich verspeisten einen Double-Cheeseburger zum Preis von einem, sahen uns noch einmal um und entschieden aufzugeben. Keine von uns mochte Anstehen. Bis wir im Castingzelt angekommen wären, würde die untergehende Sonne das Wasser rötlich färben. Wir wären die Nummern 600 und 601, wenn alles gut lief – zwei unscheinbare Ziffern im Zahlenmeer. Das war einfach zu frustrierend, viel zu wenig aussichtsreich.

Wieder einmal waren wir naiv gewesen. Was hatten wir uns vorgestellt? Dass alle auf uns warteten? Dass man uns die Tür aufhielt und die Jacken abnahm und uns vom Fleck weg engagierte?

Hier und heute würden wir keinen Blumenstrauß gewinnen.

»Hättest du gedacht, dass es soooo viele Zwillinge in Deutschland gibt?«, wandte sich meine Schwester auf dem Rückweg ins Hotel an mich. »Und dass die alle in die Werbung wollen?«

Ausnahmsweise blieb ich ihr die Antwort schuldig.

Es vergingen drei, vier Jahre, bis »Erbse und Wurzel« wieder ein Casting ausrief. Diesmal fand die Sichtung in Ulm statt, in der ratiopharm-Zentrale. Julia und ich nahmen einen Tag frei und setzten uns in den Zug. Das war unsere große Chance. Diesmal würden wir es richtig machen. ratiopharm würde schon sehen, dass wir die einzig Richtigen für diesen Job waren.

Das Gebäude war riesig und modern, überall hingen ratiopharm-Fahnen, dieser Riesenschriftzug, mit dem Zwillingslächeln unserer Vorbilder. Wir wollten gerade reingehen, da spuckte die Drehtür zwei blonde junge Frauen aus. Hübsch, mit mädchenhaftem Charme. Blauäugig, groß und schlank.

Im Foyer zupfte Julia mich am Ärmel.

»Hast du die gesehen? Die sahen aus wie wir!«

Ich nickte. Tatsächlich hatte ich das Gefühl, wir wären unseren Doppelgängern begegnet. Und sie waren bereits drin gewesen. Sie hatten einen Vorsprung.

Endlich standen wir in einem großen, hellen Saal, vor uns ein langer, rechteckiger Tisch. Wir kannten Castingsituationen, und doch war das hier anders. Julia an meiner Seite sandte eindeutige Vibes aus. Sie war wahnsinnig nervös. Bestimmt hast du Schweißhände, du Arme, dachte ich, als auch schon die erste Frage kam.

Ich weiß nicht, wer sie stellte. Es war ein Mann, aber in meiner Erinnerung ist er gesichtslos, so wie alle anderen – bis auf Frau Siebert. Natürlich kannte ich damals ihren Namen nicht. Kurzgeschnittenes, kastanienbraunes Haar, eine auffällige Brille. Sie saß entspannt zwischen zwei Männern, und sie hatte diesen Blick, der alles sieht, auch das, was anderen verborgen bleibt. Instinktiv vermied ich es, sie direkt anzublicken.

Einer der Männer klopfte also leise mit dem Kuli auf den Tisch, und fragte freundlich: »Na, wie alt seid ihr? Wo kommt ihr her?«

»Hallo«, ich piepste mehr, als dass ich redete. »Ich bin Nina, einundzwanzig Jahre alt. Ich komme aus Wiesbaden.«

Ich schwieg und Julia plapperte mir nach. Ehrlich, das war Papageien-Style.

Der Mann, der gesprochen hatte, schmunzelte. »Genau dieselben Worte. Das haben wir heute schon öfter gehört. Genau dasselbe.«

»Macht ihr beide immer alles gleich? Alles zusammen?«

Die erste Frage überhörte ich geflissentlich. Alles gleich zu machen, wäre vielleicht langweilig? Vielleicht war das ein Fallstrick?

Die zweite Frage bejahte ich.

»Ja – alles, alles machen wir zusammen«, rief ich fröhlich, »nichts und niemand kann uns trennen.«

Eine Weile plätscherte das Interview dahin, in ruhigem Fahrwasser. Dann kam wieder eine Untiefe, ein Strudel.

»Nina«, fragte der Mann, »sag uns, gibt es etwas, das du an deiner Schwester hasst?«

Ich schwieg, verblüfft. Ein paar Sekunden war die Stille nur von dem Geräusch durchbrochen, mit dem die Stifte der anderen Jurymitglieder sich über das Papier bewegten. Ich brauchte eine Antwort, schnell.

»Sie kommt so oft zu spät«, war alles, was mir einfiel. Tatsächlich hatte ich noch nie darüber nachgedacht. Heute würde mir mehr einfallen.

Ich hasse es zum Beispiel, wenn Julia bei Events stocksteif an meiner Seite steht und mit nervösen Händen an meinem Shirt zoppelt. Ich hasse diese Stimmlage, dieses Beinahe-Flüstern, Zischen, unhörbar für andere und immer laut genug für meine Ohren. Von diesem Zischen krieg ich Ausschlag.

»Zieh doch mal dein Hemd runter! Stell dich gerade hin!«, zischt Julia - und ich hasse es. Ich hasse ihren Alte-Tante-Tadelblick.

Little Sister is watching you. Julia hat eine Zwillings-Ortungs-App auf ihrem iPhone installiert. Sie verfolgt buchstäblich jeden meiner Schritte. Manchmal, wenn ich in Berlin eine Weile an einer Straßenkreuzung plaudere oder auf das Grün der Ampel warte, ruft sie an und fragt mich aufgebracht: »Was machst du da solange mitten auf der Kreuzung, Nina?«

Dann beruhige ich sie.

Nicht-Zwillinge finden das schräg. Ich nicht. Ich habe keine Ortungs-App, aber auch so läuft Julia immer mit, auf einem inneren Bildschirm. Meine Schwester ist immer da, ich höre und ich sehe sie. Umgekehrt ist es genauso, und es passt. Nur ihre Tadelblicke halte ich nicht aus. Ihre Angst vor Kontrollverlust ermüdet mich, sie raubt mir Energie.

»Jetzt hör mir mal gut zu«, sage ich ihr, eine Spur zu laut natürlich, und zu schrill. »Wir sind keine Hostessen! Setz dein dämliches Hostessen-Gesicht ab und entspann dich! Atme durch, lass locker. Meine Güte, du bist doch kein Schulmädchen!« Manchmal hasse ich, dass sie nicht einfach loslässt. Sich einfach fallenlässt. Ihre Anspannung macht mich nervös.

Das hätte ich dem Menschen von der Jury sagen können. Aber ich sagte, typisch deutsch, typisch Niederseelbach: »Sie kommt so oft zu spät!«

Der Jurymensch nickte gutmütig.

Jetzt war Julia an der Reihe.

Sie sagte: nichts. Meine Schwester sah zu Boden.

»Julia hasst es, wenn ich für uns beide antworte«, sagte ich, und erntete ein Lachen.

Meine Schwester betrachtete ihre Zehen.

Heute weiß ich, was sie alles an mir hasst. Sie hasst es, wenn ich feiere. Dann tut sie alles, um mich auszubremsen. Julia schämt sich mehr für mich als für sich selbst. Ich bin ihr wilder Zwilling, mich muss sie eindämmen, einfangen und zähmen, ruhigstellen. Natürlich sind das Fantasien. Wir leben genauso gesund, wie wir aussehen. Aber ab und an, einmal im Jahr, mach ich die Nacht zum Tag. Und Julia mimt die Schwester Oberin, am liebsten würde sie mir dann den Mund verbieten, mich auf mein Zimmer bringen, Licht aus, Tür zu, Ruhe ist.

Dann versuche ich, mich abzuschotten. Ihre Ängste sind nicht meine. Dann will ich Dämme hochziehen, gegen die Zwillingsflut, gegen Gefühle, die ich kenne, aber die nicht meine sind, damit sie mich nicht überschwemmen.

Das alles ahnte ich nur unklar, als ich neben meiner eingeschüchterten Schwester vor einer achtköpfigen ratiopharm-Jury stand und langweiligen Charme versprühte. Damals hatte ich keine Worte, um mich gegen meine Schwester abzugrenzen, und war ohnehin noch nicht soweit.

Ein, zwei Wochen später kam das Aus.

In Julias Vorstellung hatten die beiden Mädchen das Rennen gemacht, denen wir in der Drehtür begegnet waren. Mir war das Versagen der Jury vollkommen schleierhaft. Sie hatten uns gesehen und sich gegen uns entschieden? Beinahe taten sie mir leid!

Der nächste Castingaufruf kam ein Jahr darauf. ratiopharm suchte »eineiige Zwillinge, möglichst ähnlich, mit Persönlichkeit«. Als Altersspanne hatte der Konzern 25 bis 40 Jahre angegeben. Unsere Agentur verschickte unsere Sedcards, und wir erreichten die Vorauswahl.

Gecastet wurde in Berlin. ratiopharm kam für die Spesen auf, inklusive Übernachtung. In einer Agentur in Mitte spielten wir den Klassiker: die Apothekenszene. Ich mimte die Schmerzgeplagte, Kopfwehkranke, und Julia war die, die sich kümmerte, ganz wie es ihrem Naturell entsprach.

Wieder war ich sicher: Natürlich würden sie uns nehmen. Sie kannten uns bereits, sie hatten es schwer bereut, dass sie uns einmal hatten gehen lassen, jetzt würden sie die zweite Chance nutzen.

Wieder täuschte ich mich. Vier Tage nach unserer Rückkehr erreichte uns die neuerliche Absage. Eine Begründung gab es nicht.

Das war – beschämend. Und empörend. Warum zum Teufel sahen diese Leute nicht, was sie verpassten? Wir gehörten ins Fernsehen, nicht hinter einen Schreibtisch. Auf unsere Gesichter, unser Lächeln warteten Millionen Fernsehzuschauer.

Der Stachel saß so tief, dass wir beschlossen, das Kapitel ratiopharm zu schließen. Wir würden einen Punkt, ach was, ein Ausrufungszeichen hinter diese unschöne Episode, diese unfassbare Verkennung, diese persönliche Tragödie setzen und weiterblättern.

»Die wollen uns wohl vorführen!«, rief ich und Julia nickte heftig.

Wenn die Leute von ratiopharm dachten, sie würden ohne uns auskommen, sollten sie es doch versuchen. Sie würden schon noch merken, was ihnen entging.

III
Fly away with me

Staffelholz

Julia:

Jetzt bin ich dran. Das hat etwas Beängstigendes. Nina und ich verhalten uns zueinander wie eine antiproportionale Zuordnung. Je mehr, desto weniger. Je lustiger und lebhafter sie wird, desto langsamer werde ich. Wahrscheinlich ist es eine Frage der Balance: Wenn man unsere Eigenschaften in einem Menschen verbinden würde, wäre er wunderbar ausgeglichen. Viele Seiten liegen vor mir, ein halbes Buch. Wird meine Stimme soweit tragen?

Alex sagt mir oft: »Besinne dich auf deine Stärken. Du kannst so viel, Julia, mach dir das bewusst.«

Vor allem kann ich laufen. Auf der Sandbahn war ich ungeschlagen, im Sprint und auch auf vierhundert Metern. Und ich war immer teamfähig.

Kennen Sie den sogenannten Wechselraum? Jene zwanzig Meter auf der Sandbahn, wo zwei Läufer eines Teams beim Staffellauf nebeneinander herlaufen, Seite an Seite, Kopf an Kopf, einer müde, mit schweren Beinen, der andere hellwach und ausgeruht, voller Adrenalin.

Das ist ein magischer Moment. Der Moment der Übergabe. Einer zieht den Oberschenkel höher, drückt im Lauf das Staffelholz nach oben, eine gleitende Bewegung, sodass der andere es easy greifen kann. Wenn das Holz hinfiele, wären wertvolle Sekunden verloren. Beim Staffellauf kämpfst du nicht nur für dich. Du kämpfst auch für die anderen. In Niederseelbach war ich immer für die Mädchenstaffel aufgestellt. Ich lief gern als Letzte, wenn es darum ging, das Blatt zu wenden und den Sieg zu holen. Je schlechter meine Teamkolleginnen gelaufen waren, desto freudiger war ich. Ich wusste, ich konnte es schaffen.

Jetzt sehe ich das Rot der Sandbahn, das Flimmern in der Luft, ich spüre das Kribbeln in den Beinen, meinen Herzschlag, stark und regelmäßig, wie ein Metronom. Ich sehe meine Schwester aus dem Augenwinkel an – das hast du gut gemacht, mein Schatz, jetzt darfst du ausruhen.

Gib mir das Staffelholz.

Jetzt bin ich dran.

Ins Licht

Mit siebenundzwanzig Jahren standen wir kurz vor dem Model-Aus. Jedenfalls aus meiner Sicht. Nina sagt, ich sei ein ziemlich pessimistischer Mensch.

»Für dich ist das Glas immer halb leer, Julia!«

Sie hat damit nicht unrecht. Ich bin die Sorgenvolle und sie ist die Unbedachte, Zukunftsfrohe. Manchmal denke ich, ich bremse meinen Zwilling aus. Das will ich nicht. Dann tröstet mich der Gedanke, dass Sorge und Fürsorge Geschwister sind. Vielleicht nicht unbedingt ein Zwillingspärchen – aber doch verwandt. Und wenn ich nicht so ängstlich wäre, hätte uns das »Auf und davon«-Team nicht in unser Kapstadt-Abenteuer begleitet. Wenn das *Auf und davon*-Team uns nicht begleitet hätte, hätte Alex mich nicht gefunden. Meine Zurückhaltung hat uns vorangebracht, so merkwürdig es klingen mag.

Verzeihen Sie, jetzt hab ich vorgegriffen. Beginnen wir bei jenem Anfang, den ich für das Ende hielt: bei unserem Karriere-Aus.

Das vierte Jahr unserer Selbstständigkeit war angebrochen und wir verbrachten einen ganzen Sommer und einen ganzen Herbst mit Warten. Wochen und Monate dehnten sich in die Unendlichkeit. Eine saß am PC und bewachte den Mail-Eingang, die andere das Telefon.

Wenn es endlich klingelte und meine Schwester abnahm, klang ihre Stimme so bang und erwartungsvoll, dass ich mich beinahe schämte. Der Markt war überschwemmt. Plötzlich gab es Mädchen, die für dreihundert Euro arbeiteten und alle Buy-outs gleich mit abtraten. Buy-outs sind Bildnutzungsrechte. Online, Print, Point of Sale, zeitlich, räumlich und so weiter. Ich weiß nicht, worin diese Entwicklung begründet war. War es die Öffnung zum Osten hin? Spätfolgen des *GNTM*-Booms?

Das war eine echte Modelschwemme – manchmal kam es mir so vor, als würde wirklich jedes Mädchen modeln. Natürlich verdarb diese Entwicklung die Preise.

In Deutschland herrschte großer Modelausverkauf. Viele Angebote waren so erbärmlich, dass wir sie nicht annehmen konnten, ohne unserem Namen zu schaden. Wenn du etwa einer Hotelkette für eine Fotostrecke im SPA-Bereich die zeitlich unbegrenzte Bildnutzung überträgst, ist dein Gesicht für alle anderen Hotels zunächst verbrannt. Kein anderer Kunde wird das Risiko eingehen, dass du zugleich als Werbeträger für die Konkurrenz zu sehen bist. Die Booker setzten dem Gagendumping und den Buy-out-Flatrates nichts entgegen – und wir konnten sie verstehen. Es war einfach: Wer die Preise oben hielt, verlor die Kunden.

Nina und ich wollten dieses Spiel nicht länger mitmachen. Wir waren in einer Sackgasse angekommen, und ich wollte aufgeben und umkehren. Während wir warteten, führten wir das immergleiche Gespräch, in den immergleichen Rollen.

»Hör mal«, sagte ich, »es war ein schönes Intermezzo. Und es ist zu Ende. Lass uns wieder ins Büro zurückgehen.«

Nina schüttelte den Kopf. »Wir sind gut«, rief sie, »wir dürfen jetzt nicht aufgeben.«

»Unsere Möglichkeiten sind ausgereizt«, gab ich zurück. »Wir sind in Shape, wir arbeiten professionell, wir haben gute Bilder. Mehr können wir nicht tun. Merkst du das nicht? Das Warten macht uns mürbe. Es ist, als würden wir die Kontrolle über unser Leben anderen überlassen, Bookern, Kunden, Produzenten. Nina, wir verlieren die Kontrolle!«

Dann sagte meine Schwester: »Cape Town!«

Kapstadt ist ein Mode-Hotspot. Wenn in Europa der Winter anbricht, die Tage kürzer werden und die Shootings seltener, lockt der südafrikanische Sommer Models, Filmteams, Fotografen und Produzenten aus allen Ländern an wie das Licht die Motten.

Seit Jahren bewunderten wir Kapstadtbilder in den Modelbooks unserer Kolleginnen.

Die Stadt am Tafelberg gilt als Wiege des »NIVEA-Looks«. Wind in den Haaren, Wasser, weißes Leinen, feuchte Haut und kaum Make-up. Die Bilder sind clean, beinahe transparent.

Das Geheimnis ist das Licht. Es hieß, dieser Ort sei wie aus Licht gemacht; das Licht sei überall, draußen, drinnen, am Strand und auf den breiten Straßen mit dem Linksverkehr, bei den Prunkbauten des Kolonialstil, den Art-déco-Nobelschuppen in der City, in den Daylight-Studios der Fotografen und den Wellblechhütten der Townships; dieses Licht sei sanft und magisch und verführerisch. Echtes Beauty-Light.

»Hör zu Julia, wir geben auf«, fuhr meine Schwester fort. »Aber erst, wenn wir alles versucht haben. Wir nehmen unser Erspartes und fliegen nach Kapstadt. Lassen neue Bilder machen. Wenn das nicht hilft, geh ich mit dir zurück ins Büro.«

Nina sagte noch viel mehr. Sie bot einfach alles auf.

»Antizyklisches agieren!«, rief sie. »Du weißt doch, was das heißt! Wenn alle anderen sparen, müssen wir 'nen Haufen Kohle investieren! Wir müssen zu den besten Fotografen gehen anstatt zu den billigsten! Julia, lass uns jetzt noch ein Mal alles geben. Zeit, Engagement und Arbeit! Bares! Ich will, dass wir mit den besten Stylisten, Visagisten und Fotografen shooten – und wenn wir dafür bis ans andere Ende der Welt reisen.«

»Antizyklisch«, murrte ich, »das passt zu dir.« Beinahe hatte ich das Gefühl, als würde Nina in der Krise aufleben. Es gab mal wieder einen Grund, sich anders zu verhalten als die anderen, und das kam ihr sehr entgegen.

»Wir haben gute Bilder«, warf ich ein, und wusste schon, dass dieses Argument nicht gelten würde. Nina war die Ältere, sie war zwei Sekunden vor mir aus Mamas Bauch gezogen worden, sie war es gewohnt voranzugehen und sie würde auch allein fliegen. Friss oder stirb war die Devise.

»Julia«, sagte sie mit Nachdruck. »Wenn du etwas Neues erleben und erreichen willst, dann musst du etwas Neues tun. Es ist doch einfach. Warum will dir das nicht in den Kopf? Wenn ich in vierzig Jahren im betreuten Wohnen neben dir im Schaukelstuhl sitze und wir Kreuzworträtsel lösen, will ich gelebt haben. Ich will meine Träume leben! Unsere Träume!«

Meine Schwester wollte, sie war fest entschlossen, und ich starb fast vor Angst. Was, wenn wir in Cape Town überfallen würden? Bandenkriege, Drogenkartelle, Überfälle auf offener Straße. Cape Town war nicht Wiesbaden, erst recht nicht Niederseelbach. Was, wenn diese Reise unsere letzte würde?

Ein Dreivierteljahr hielt ich sie hin.

Dann gab ich nach.

Wir würden es versuchen.

Ich hoffte nur, dass wir lebend zurückkämen.

An einem Abend im Spätherbst lag ich auf der Couch und guckte Fernsehen. *Auf und davon – Mein Auslandstagebuch* war meine Lieblingssendung. Erzählt wurde immer dieselbe Geschichte und nie wurde sie langweilig: Ein Junge oder Mädchen, eine Frau oder ein Mann ziehen aus, um für eine Weile das Glück in einem fremden Land herauszufordern. Von Hintertupfingen oder Großheimershausen nach Übersee, Kaukasien, Asien oder Afrika: Fern von Familie und Freunden nimmt ein Mutiger sein Schicksal in die Hand, geht neue Schritte im Privaten und Beruflichen. Gezeigt werden ganz alltägliche Momente, die kleinen Erfolge und Missgeschicke, in denen so viel Menschliches aufscheint, das, wovon wir träumen und was wir wagen und verlieren, wenn wir diesen Träumen endlich nachjagen. In der Folge, die ich ansah, begleitete ein Kamerateam Christian Deerberg zu Fashionshootings auf Mallorca. Unser Modelkollege war auf sich gestellt – aber er war nicht allein. Immer war ein Filmteam da. Die Autorin, die ihm Fragen stellte, und der Kameramann, der seine Gefühle festhielt. Immer hatte er ein »Du«, an das er sich wenden konnte.

Als ich den Fernseher ausschaltete, wusste ich, was zu tun war. Ich setzte mich an den PC und schrieb eine E-Mail. Normalerweise war Nina für Kommunikation zuständig, aber an diesem Abend bat ich sie nicht um Hilfe. Ich bat sie nicht einmal um Rat – ja, ich fragte sie noch nicht einmal nach ihrer Meinung. Ich tat, was ich tun musste.

Liebe Auf-und-davon-Redaktion, schrieb ich.
Eben habe ich die Folge mit Christian Deerberg auf Mallorca gesehen. Meine Zwillingsschwester und ich arbeiten als Models. In drei Wochen fliegen wir zum ersten Mal nach Kapstadt. Wollt Ihr uns begleiten?

Viele Grüße
Julia Meise

Wenig später saß die Redakteurin von VOX in unserem Wohnzimmer. Wir erklärten Carina, warum wir fliegen wollten, und sie sagte Ja. Sie würde uns begleiten. Wir würden in der ersten Woche nicht alleine sein – und bestimmt würde man uns nicht vor laufender Kamera überfallen. Meine Ängste flauten ab. Die ganze Sache könnte gut gehen.

Rudys Paradise

Bevor wir abreisten, hörten wir uns nach einem guten Fotografen um. Eine Bookerin aus Köln empfahl uns »Rudy, den Allrounder«.

»Er macht tolle Fotos«, sagte sie. »Rudy shootet nur mit den ganz Großen – ihr wisst schon, jeder Schuss ein Treffer. Wenn der den Auftrag annimmt, habt Ihr schon gewonnen! Und er betreibt ein nettes Guesthouse. Dann hättet ihr gleich eine Unterkunft in Cape Town.«

Tatsächlich hatte er ein Zimmer frei und wollte mit uns shooten. Als Gegenleistung verlangte er tausend Euro Honorar vorab – was nicht gerade günstig war. Für das Geld bekommst du in Kapstadt normalerweise drei Termine, mindestens – aber jetzt zu knausern, hieße, an der falschen Stelle sparen. Wenn unsere Bookerin recht hatte, war Rudys Arbeit jeden Cent wert.

Unsere Reise begann mit fünfzig Kilo Übergepäck, nervösen Tränen und dem Albtraum eines jeden Models: zwei dicken Pickeln auf der Stirne. Leider war es meine.

»Das ist wirklich ärgerlich für uns!«, rief Nina.

»Danke, dass du es zum fünften Mal erwähnst«, gab ich zurück. »beinahe hätt' ich sie mal für einen Moment vergessen.«

»Immerhin siehst du sie nicht! Da kannst du wirklich froh sein! Na ja, was soll's, jetzt müssen wir die beiden mitnehmen.«

Wenn du Model bist, sind Hautunreinheiten nicht einfach störend oder peinlich. Sie behindern dich beim Arbeiten und verbauen dir die besten Chancen. In Kapstadt wollten, nein, eher mussten wir an möglichst vielen Castings teilnehmen. Mit Pickeln nach Cape Town fliegen bedeutete, mit einem schweren Handicap ins Rennen um die heiß begehrten Jobs zu gehen.

Knapp zwölf Stunden später saßen wir übermüdet in einem Mietwagen, durchs geöffnete Fenster strömte heiße Luft herein, ich fuhr durch Kapstadt, Nina schaltete (das mag seltsam klingen, aber wir sind sehr geübt darin). Unterwegs in die Stadt passierten wir die Townships. Eine Tafel warnte *Dont stop here*, und mir fuhr die Angst in den Magen. Zum Glück sah ich den Wagen des Fernsehteams im Rückspiegel. Mein Plan war aufgegangen. Wir waren nicht allein. Aber würden sie auch auf uns warten, wenn wir eine Reifenpanne hätten? Was, wenn sie um das teure Equipment fürchteten, dass sie im Kofferraum des Wagens transportierten?

Endlich, endlich erreichten wir die City.

Rudys Guesthouse wirkte hell und einladend.

»Hallo, Hallo! Aller guten Dinge sind zwei«, begrüßte er uns an der Haustür, und Nina sah mich von der Seite an.

Wir lächelten betreten.

»Hi.«

War dieser Typ tatsächlich unser Ticket in die Liga der Supermodels? Konnte er die Bilder machen, die uns weiterbrachten? War er wirklich besser als die anderen? Er schien ein netter Typ zu sein, aber war er ein Künstler?

Schon am ersten Abend irritierte mich seine Vorliebe für Phrasen. Er liebte Redewendungen. Auf spätestens jeden zehnten Satz folgte eine, das war etwas irritierend. Dafür wirkte der gebürtige Schwabe wirklich hilfsbereit. Und er schien gefragt zu sein.

»Leider kann ich euch morgen nicht Cape Town zeigen«, sagte er bekümmert. »Bei mir steht ein Extremshooting an, am Tafelberg. Ihr wisst schon, ein paar Hundert Meter in der Felswand abseilen. Ich breche mit den ersten Sonnenstrahlen auf.«

Bevor Nina gratulieren oder fragen konnte, welcher Kunde ihn beauftragt hatte, war er schon verschwunden. Sie zuckte mit den Schultern. Vielbeschäftigt halt.

Am nächsten Morgen saßen wir mit Carina am Frühstückstisch und machten uns gerade über Rühreier mit Schinken her, als die Redakteurin ihre Gabel sinken ließ und zur vollverglasten Haustür deutete.

»Seht mal, da ist ja Rudy. Wollte er nicht shooten?«

»Merkwürdig«, stimmte Nina mit vollem Mund zu. Danach schwieg sie nachdenklich.

Am Vorabend hatte uns Carina getrennt voneinander befragt. Wir beide mochten diese Interviews. Es war, als führten wir ein Reisetagebuch in Ton und Bild. Momente der Ruhe und des sich Besinnens.

»Ich weiß nicht, was ich von Rudy halten soll«, hatte meine Schwester nachdenklich gesagt. »Er ist aalglatt, ich meine, wie ein Fisch. Kein Hai oder einer von der Art. Aber er flutscht mir ständig weg. Ich will ihn greifen, ich denke, jetzt hältst du ihn in den Händen, und dann, flutsch (Nina machte die passende Handbewegung, das Bild wackelte, offenbar brach der Kameramann in Gelächter aus), rutscht er dir durch die Finger. So ist das mit Rudy.«

Ich wusste, was sie meinte.

Ein paar Tage später stand der heiß ersehnte Shoot mit Rudy an, *das* Highlight dieser Reise. Die Visagistin, so hatte er uns versichert, kenne er schon Ewigkeiten, sie sei die Beste in Südafrika.

Wir wollten Rudy glauben – aber so ganz gelang es keiner von uns beiden.

Wir saßen noch beim Kaffee, als die Visagistin zu uns trat.

»Sag mal, seit wann kennst du Rudy?«, fragte ich das Mädchen, das sich uns als Mandy vorgestellt hatte.

»Den Fotografen?«, fragte sie erstaunt zurück. »Seit gestern. Er hat mich angerufen und gefragt, ob ich heute Zeit hätte, mit ihm zu arbeiten. Er wolle ein paar gute Freundinnen fotografieren, *german girls*.«

»Oh«, erwiderte ich lahm. »Verstehe.« Carina zog die Brauen hoch, und Nina begann, auf ihrem Stuhl herumzuhippeln. Irgendetwas lief hier anders als geplant. Auch wenn meine Schwester ihre Sorge glänzend überspielte, sah ich sie ihr an. Ich konnte gar nicht anders.

Manchmal stresst mich das – ihre Gedanken und Gefühle mitzulesen, mitzuspüren. Dann wünschte ich, ich wäre einen Augenblick allein mit meinem eigenen Erleben. Vielleicht ist diese nonverbale Art des miteinander Redens ja ein Überbleibsel aus den ersten Lebensmonaten, aus jener frühkindlichen Zeit, die keine Bilder und bewussten Erinnerungen hinterlässt und uns doch für immer prägt. Manchmal stelle ich mir das menschliche Bewusstsein wie einen unermesslich weiten Strand vor, an dem sich alles ablagert, was wir erlebt aber vergessen und verdrängt haben: Millionen feine Sandkörnchen, Sand an einem Meeresufer, das viel weiter ist, als wir mit bloßem Auge sehen können.

Forscher haben entdeckt, dass viele Zwillingspärchen in den ersten Lebensmonaten eine sogenannte »autonome Sprache« entwickeln, die kein Erwachsener versteht. Oft sind es Laute, Silben, umgedrehte Wörter, begleitet von Bewegungen – und immer gehen sie verloren, wenn die Kinder schließlich sprechen lernen. Ich weiß nicht, ob Nina und ich eine solche Sprache je erlernt und gesprochen haben. Mama kann sich nicht erinnern, und Papa war kaum da in dieser Zeit, er war ja ständig in der Praxis. Bis heute gibt es diese Funkwelle, diese spezielle Verbindung zwischen uns, die ständig Signale sendet, auf einer geheimnisvollen Frequenz. Das ist sehr schön – aber nicht immer leicht.

Verzeihen Sie, ich schweife ab.

Ich spürte also Ninas Misstrauen, und es war mindestens genauso stark wie meines.

Geschminkt und gestylt fuhren wir hinter Rudys Wagen siebzig Minuten über Land, zum West Coast National Park. Nina hatte eine Gelfrisur – ihr feines Haar klebte an ihrem Kopf, während meiner schwer von Lockenwicklern und Extensions war.

»Fass da mal rein«, forderte sie mich auf. »Mein Haar ist steinhart. Das war's jetzt – eine Frisur für den ganzen Tag.«

Ich nickte irritiert. »Er wird schon wissen, was er tut.«

Als wir ausstiegen, verflogen meine Bedenken. Dieser Ort war fast unwirklich schön.

»Welcome to paradise«. Rudy breitete die Arme aus. »Alles meins«, schien diese Geste zu besagen – der weiße, menschenleere Sandstrand und das türkisblaue Meer, das getünchte Steinhäuschen in unserem Rücken, der unermesslich weite Blick.

Nina lachte. »Du hast nicht zu viel versprochen!«

Während wir uns in der Hütte umzogen, packte Rudy Linsen und Kameraaufsätze aus. Er öffnete Kartons und zerriss Zellophan-Papier.

Mich irritierte das.

Es sah beinahe aus, als wäre das sein erster Shoot.

Als es losging, kam der Wind von allen Seiten. Er blies unsere Kleider auf und peitschte mir die falschen Locken ins Gesicht, ich sah nichts mehr, und Nina jammerte. »Ständig hängt mir dein Haar vor den Augen. Das geht so nicht!« Auch die rosa Klämmerchen, die Rudy ins Spiel brachte, halfen nicht.

»Pink steht dir doch, nicht wahr, Julia?«, fragte er irgendwann und zog eine grelle Karnevals-Perücke aus seiner Requisitentasche.

»Soll das witzig sein?«, erkundigte sich Nina. »Setz du sie auf – vielleicht können wir dann ein bisschen lachen.«

Zwillings-Shoots leben von Natürlichkeit. Wenn wir zusammen shooten, sind wir ganz bei uns. Das sind Momente größtmöglicher Nähe. Ich spüre Nina, ihren Rhythmus, ihre Vibes, und gehe mit. Alles ist im Fluss, und wir verlieren jedes Zeitgefühl. Es passiert einfach. An diesem Tag in Rudys Paradies passierte gar nichts. Nina und ich waren viel zu sehr damit beschäftigt, mein schlecht gestyltes Haar zu bändigen. Und dann war da das Misstrauen. Rudy war kein Profi. Wir misstrauten ihm. Wenn du dem Fotografen nicht vertraust, ist der Shoot von vornherein verloren. Unmöglich, dass die Bilder gut werden. Nina und ich wechselten einen kurzen Blick. Unser erstes Cape-Town-Shooting war eine Katastrophe. Rudy war ein Anfänger, ein Aufschneider, und wir waren ihm auf den Leim gegangen. Schön, dass dieser Moment per Videotagebuch festgehalten würde, und Millionen Fernsehzuschauer ihn mit uns teilen würden …

Irgendwann gab Rudy auf.

»Mädels, machen wir was anderes. Engelchen und Teufelchen – was sagt ihr dazu?«

Ich muss zugeben, dass wir uns freuten. Nina wählte die rote Robe, Femme fatale, und ich – verschwand in einem weißen, gestärkten Kingsizelaken. Ich sah aus wie ein Gespenst. Ein armes, blasses Schlossgespenst, das sich an einen afrikanischen Strand verirrt hatte.

Der Wind toste uns um die Ohren und verschluckte gnädig Rudys Kommentare – bis auf einen: »Come on, gib's ihr, Nina«, rief er meiner Schwester zu, und wir zuckten zusammen.

Endlich kam der letzte Shoot. »Strandlook«, verkündete der Master of Ceremony. Mandy wurde blass.

Ein Make-up baust du langsam auf: erst pur, dann dezent, und gegen Ende Glitzer, Glanz und Glamour.

Mandy hatte Schwarz und Glitzer um unsere Augen verteilt wie Spachtelmasse. Ohne Seifenlauge war das Zeug nicht abzukriegen, und hier gab es nicht mal fließend Wasser.

Vor laufender Kamera beschuldigte sie Rudy, sie vorab nicht informiert zu haben, und er schoss zurück.

Nina und ich wollten das alles nur noch irgendwie zu Ende bringen. Schließlich begrub Mandy Gold und Tusche einfach unter einer weiteren Schicht Make-up.

Verzweifelt sah Nina mich an. »Wenn ich nur halb so schlimm aussehe wie du, ist es katastrophal.«

Rudy schlug ihr einen Tick zu fest auf die Schulter. »No problem, girls. Dann machen wir eben Rückenansichten.«

Rückenansichten? Hatten wir Abertausende Kilometer überwunden, zudem meine Angst und meine Sorge, nur, damit ein schlechter Fotograf von hinten draufhielt?

Andererseits wünschte ich mir nichts sehnlicher, als diesem Mann endlich den Rücken zuzukehren.

Die Sonne ging unter und das schwindende Licht machte uns Sorgen. Als wir die kleine Bucht erreicht hatten, hatte sich die Luft so stark abgekühlt, dass Ninas Zähne klapperten.

»Nur die Harten kommen in den Garten«, munterte Rudy sie auf.

Hand in Hand liefen meine Schwester und ich ins Meer, Rudy hielt von hinten drauf, und nur die Möwen, die über dem flachen Wasser kreisten und lachten, sahen unsere fleckigen, fettglänzenden Gesichter.

Am nächsten Abend präsentierte Rudy uns die besten Schüsse. Er hatte eine Diashow gebastelt und den Bildwechsel mit Kuschelrock-Songs unterlegt. Es war der Horror. Die Meise-Horror-Picture-Show. So hässlich hatten wir noch nie im Leben ausgesehen.

Ich nickte steif, und Nina rief in regelmäßigen Abständen: »Ja, ja, wirklich nett!« Unser Afrika-Abenteuer hatte eben erst begonnen, und wir wollten in dem Guesthouse bleiben.

Wieder auf unserem Zimmer, vergrub meine Schwester ihr Gesicht in den Kissen.

Nie wieder würden wir einen Fotografen anheuern und vorab bezahlen, ohne seine Arbeiten zu kennen. Uns blieb nichts anderes übrig, als dafür zu sorgen, dass keines dieser Bilder je in Umlauf kam. Es war alles umsonst gewesen.

»Versuch macht kluch«, hörte ich Rudys Stimme in meinem Kopf.

Richtig mieses Material

Kapstadt war schöner, als wir es uns erträumt hatten, und auch die Menschen waren es. Die Mädchen, die wir am Strand, auf der Straße, in Klubs und bei Castings trafen, waren hochgewachsen und gazellenhaft, sie hatten den gewissen X-Faktor. Eine Lässigkeit, die ohne aufgesetzte Coolness auskommt.

Plötzlich fühlten wir uns unerfahren. Greenhorns. Süß und lustig, aber überhaupt nicht sexy. Das doppelte Meischen aus Niederseelbach.

Ich musste meinen ganzen Mut zusammennehmen, um mit Nina bei den beiden größten Model-Agenturen vorzusprechen: ICE-Models und Boss-Models.

ICE-Models hatte ihren Sitz in einer breiten, hellen Straße, die zum Lion's Head hinaufführte – jenem Berg, der aussieht wie ein Löwenkopf und majestätisch über Kapstadt thront. Die Agenturräume waren großzügig und lichtdurchflutet.

Wie üblich übernahm Nina das Reden – und zu meinem Unglück beließ sie es nicht bei dem Nötigsten, nein, sie sagte alles, was ihr einfiel, etwa, dass auf meiner Stirn zwei Pickel blühten, die ihren Namen verdient hätten, was aber durchaus nicht normal sei, ganz im Gegenteil, *normalerweise* sei meine Haut sehr glatt und schön, genau wie ihre.

Natürlich hatte sie es gut gemeint.

Die beiden Agentinnen blickten interessiert auf meine Stirn, und ich blickte auf meine Hände.

Das Räuspern des Bookers unterbrach die Stille.

»Yeah, no problem, girls.«

Als wir wieder auf der Straße waren, gab es keinen Grund mehr, Nina zu erklären, dass die Pickel auf meiner Stirn meine wären, so ähnlich wie die Blumen, die im Frühling auf meinem Fensterbrett blühten, und ganz gewiss nicht ihre, und dass sie sie nicht ständig … es gab keinen Grund mehr, weil wir doch tatsächlich sofort eine Zusage bekommen hatten. Die Chefin von ICE-Models wollte uns unter Vertrag nehmen. Auf Grundlage unserer Modelbooks würde sie uns Jobs vermitteln – oder es versuchen.

ICE-Models war die größte Agentur in Kapstadt. Trotzdem hatten wir uns Bedenkzeit erbeten. Bevor wir zusagten, würden wir noch Boss-Models besuchen, eine ebenso angesehene, aber etwas kleinere Agentur. Sie lag in einer ruhigen Wohngegend. Über der breiten Eingangstür stand auf der weiß verputzten Wand mit großen schwarzen Buchstaben BOSS MODELS geschrieben.

Nur die Gitter vor der Türe gaben mir zu denken. Erst, als jemand von drinnen einen Knopf betätigte, schwang es zur Seite. Also nicht einmal an diesem Ort, der so viel Ruhe ausstrahlte, war Kapstadt sicher.

Das Gespräch mit der Agenturchefin und zweien ihrer Booker fiel äußerst offen aus.

Man wollte mit uns arbeiten, aber nur auf Grundlage neuer Fotos.

»Ich sehe euch durchaus im Bereich Editorial«, erklärte uns der Chief-Booker. »Was Ihr braucht, sind neue, frische Bilder.« Bei dem Wörtchen »Editorial« horchten wir auf. Bislang hatte es uns immer abgeschreckt.

In der Branche ist es synonym für »Wagnis«: Es bedeutet wenig Gage, viel Prestige, individuell statt austauschbar. Viel Arbeit, schwere Posen, aufwendiges Make-up und Styling, Outfits, die sich im echten Leben etwa so passend ausnähmen wie die Queen auf einer Bowlingbahn in Bayrischzell.

Andererseits hieße Editorial tatsächlich etwas Neues wagen – auffallen. Vielleicht würden solche Bilder uns mehr Zwillingsbuchungen verschaffen. Vielleicht würden sie die Aura von Unverwechselbarkeit schaffen, die wir brauchten.

Nach dem Gespräch saßen wir in einem Straßencafé in der Sonne und berieten uns. Rasch waren wir uns einig.

Ein wichtiger Punkt war: Die Agenturchefin hatte uns überzeugt. Sie wirkte warm, herzlich und hilfsbereit. Nicole Brandt würde uns helfen, wenn wir hier in Cape Town in Probleme kämen. Sie würde für uns da sein.

Wir waren hergekommen, um etwas Neues zu erleben, also würden wir etwas Neues wagen.

Nicole und ihr Chief-Booker hatten recht: Wir wollten Bilder, die sich einprägten. Wir suchten das Besondere und wollten uns verändern. Wir würden ihrer Agentur den Vorzug geben.

Von Hunden und Menschen

Als Nicole Rudys Fotos sichtete, schlug sie die Hände vors Gesicht. »Mädels, das ist richtig mieses Material! Wenn die ein Kunde zu Gesicht kriegt, seid ihr ruiniert!«

Sie war es auch, die uns Milan empfahl.

Er sei der Beste hier, sagte sie, und wir vertrauten ihr. Ohnehin hatten wir keine Wahl. Rudys Bilder waren völlig unbrauchbar, *gone to a town called yesterday*, genau wie die tausend Euro Honorar, die wir ihm überwiesen hatten, und wir waren wild entschlossen, gute Zwillingsschüsse mit nach Haus zu nehmen.

Milan Cronje lebte in einem etwas abgelegenen Wohngebiet. Je weiter wir uns von Cape Town City entfernten, desto holperiger wurde die Straße. Am Vortag waren Carina und ihr Kameramann heimgereist. Als wir sie umarmt hatten, flossen die Tränen, so sehr hatten wir einander lieb gewonnen.

Allein, allein, dachte ich, während ich auf das Flimmern der Straße blickte und versuchte, mich zu konzentrieren. Es war ein heißer Tag, merkwürdig windstill. Endlich erreichten wir eine Siedlung, die an eine heruntergekommene Schrebergartenkolonie erinnerte. Flache Bungalows, von deren Wänden der Putz blätterte, verwilderte Vorgärten, kaum Menschen auf der Straße. Als wir aus dem Wagen stiegen, schlug uns beißender Gestank entgegen. Müll quoll aus riesigen Blechtonnen auf den Gehweg. Offenbar hatte die Stadtverwaltung diesen Ort vergessen oder abgeschrieben.

»Bist du sicher, dass wir hier richtig sind?«

Nina blickte auf ihr Handy. »Ja, auf jeden Fall. Das ist die angegebene Adresse. Na los, komm schon!«

Hinter meiner Zwillingsschwester trat ich an die Tür des Bungalows. Heiseres Bellen, Knurren, Jaulen, Winseln drang zu uns heraus. Die Tür ging auf, ein Boxermischling sprang mich an, ich geriet kurz aus dem Gleichgewicht, Nina legte ihre Hand auf meinen Arm, ein großer Mann stand in der Tür und lächelte. Milan Cronje war barfuß. Eine randlose Brille saß schief auf seiner Nase. Die Gläser waren so verschmiert, dass ich nach seinen Augen suchte. Er hatte einen wachen Blick. Erstaunt bemerkte ich, dass die Bluejeans, die er trug, zerrissen war und voller Hundehaar.

Als er uns voran durch einen engen Flur ging, stupste Nina mich in die Seite.

»Und der hat für die *Vogue* geshootet? Der sieht ja gar nichts. Sollen wir dem mal die Brille putzen?«

Ich war derart abgelenkt von den Hunden, die uns um die Beine sprangen, es wurden immer mehr, kleine, große, mit langem und kurzem Fell, mit platten und runden Schnauzen, schlecht kupierten Schwänzen und kahlen Stellen, einer hatte nur drei Beine, einem anderen fehlte das halbe Ohr, dass ich ihren kleinen Scherz kaum würdigte. Wir liebten Hunde, aber das hier war – erstaunlich!

Milan bat uns, am Küchentisch Platz zu nehmen, und ein Cockerspaniel sprang meiner Schwester auf den Schoß. Zerstreut tätschelte sie dem Tier den Kopf, roch an ihrer Hand und verzog angewidert das Gesicht.

Das hier war ein Tierheim und kein Studio.

»These are my babies«, sagte Milan sanft, »nineteen little strays I saved from death and misery.«

»Tony, Tinkerbell and Lisa, Armstrong, Norman Bates and Baxter, Nelson …«, er nannte jedes Tier beim Namen und erzählte, wie und wo er es gefunden oder aufgelesen hatte. Nina rutschte unbehaglich auf ihrem Holzschemel hin und her, ohne dass unser neuer Bekannter davon Notiz zu nehmen schien. Seine Augen glänzten, als er von den Hunden sprach. Offensichtlich rührten ihn die Geschichten seiner vierbeinigen Freunde zu Tränen. Während er redete, sprangen Hunde auf den Küchentisch, liefen über die Küchenzeile, besetzten Stühle und Sofakissen, tobten durch den Flur und drängten sich an unsere nackten Beine. Es war wirklich befremdlich.

Irgendwann hielt meine Schwester es nicht mehr aus.

»Sag mal, wann kommt die Visagistin?«, fragte sie mitten in den Redefluss des Fotografen.

Milan sah verblüfft aus. Ihre Frage hatte ihn aus dem Konzept gebracht. Hatte dieser Typ vergessen, wer wir waren und warum wir hier waren?

Kurz schwieg er, dann hob er vergnügt die Hände: »Oh, it's me!«, sagte er freundlich.

Wie hypnotisiert starrte ich auf seine langen schmalgliedrigen Finger. Eben noch hatte er einem Dalmatiner mit Daumen und Zeigefinger die Lefzen hochgezogen, um uns ein Zahnproblem zu zeigen, das ihm Sorgen machte. Jetzt würden diese Hände uns die Nase pudern.

Ich dachte an Pickel, Pest und Cholera und rang mir ein Lächeln ab.

Milan ging ins Bad und kam mit einem kleinen Köfferchen zurück. Mit der Miene eines Magiers hob er den Deckel an und brachte verschmierte Tiegel, abgebrochene Schminkstifte und zerzauste Puderquasten zum Vorschein. Mir sank das Herz. Sie wissen schon: Ich liebe Apotheken. Das hier war ein Albtraum!

Unser Gastgeber benutzte keine Pinsel oder Schwämme. Milan Cronje schminkte nicht, er malte: Mit dem rechten Zeigefinger bemalte er unsere Gesichter. Ich schloss die Augen und ließ es geschehen. Wenn wir danach aussahen, wie Indianer aus einem Wildweststreifen, würden wir das hier eben abblasen.

Dieser merkwürdige Mensch würde nicht mal bis drei zählen; *eins, zwei, drei*, dachte ich, *Affenpinscher, Boxer, Collie*; und schon wären wir wieder auf der Landstraße und unterwegs nach Hause.

Nina war bedenklich still.

»Sag mal, wo shooten wir?«, fragte ich mutig.

Milan zuckte mit den Schultern. »Out there - in front of the garage.«

Im Hinterhof, vor der Garage? Jetzt zeigte Nina erste Anzeichen von Panik. Ich fühlte, wie mir Röte ins Gesicht stieg. Wortlos folgten wir dem Fotografen durch den Flur, zur Hintertür hinaus.

Acht Quadratmeter Beton, ein wackeliger, von zerfledderten Illustrierten übersäter Gartentisch, dahinter das Betongrau der

Von Hunden und Menschen

Garagenwand. Kein Blick, kein Strand, kein Wasser. Keine Farben. Zweifellos war Milan Cronjes Hinterhof eine der trostlosesten Locations, die Kapstadt zu bieten hatte.

»Sit down on the plastic table«, bat er Nina.

Unwillkürlich streckte ich die Hand aus, um sie zurückzuhalten. Dieses Teil würde sofort zusammenbrechen!

Es hielt – und zwar nicht nur Ninas, sondern auch noch mein Gewicht.

Milan sprach nicht viel, er drückte ab, brummte »not bad«, und besah sich die Bilder im Display seiner Kamera.

»Wanna have a look?«

Ich traute mich kaum hinzusehen.

Meine Schwester und ich beugten uns über die Kamera, dann sahen wir uns an, ich lächelte, sie strahlte, ich strahlte und sie lächelte – »beautiful!«, riefen wir wie aus einem Mund.

Innerhalb eines Sekundenbruchteils hatte sich alles verändert. Wir sahen nicht mehr den Sonderling in Milan, sondern den Künstler. Wir liebten ihn, wir liebten seine Fotografenaugen hinter den verschmierten Brillengläsern, wir liebten seine Visagistenhände, das tolle Make-up, das er zauberte, die Rührung, mit der er von den Hunden sprach. Wir liebten seine warme Stimme, und wir liebten diesen Ort, den Plastiktisch und die graue Garagenwand.

Rudy hatte uns an einen paradiesischen Strand gebracht, und uns als Meeresungeheuer abgelichtet. Milan hatte uns auf einen Plastiktisch in seinem Hinterhof gesetzt und uns verzaubert. Wir sahen aus wie wir, die Meise-Zwillinge, nur viel besser. Strahlend und natürlich. Echt. Das war, als würden wir unserer schönsten Seite begegnen. Milan Cronje hatte unsere Zwillingsseelen eingefangen.

Zum Abschied fielen wir dem fremden Fotografen um den Hals. Unsere Reise hatte sich gelohnt. Für ein einziges Bild aus seiner Serie würden wir jederzeit wieder die Welt umrunden.

Bis heute zählen Milan Cronjes Bilder zum Besten, das wir vorzuweisen haben. Wir folgen ihm auf Facebook, wo er für den Tierschutz wirbt und Streunern ein Zuhause sucht.

Kürzlich ist er umgezogen. Sein neues Haus ist lichtdurchflutet, weiß getüncht, mit hohen Bogenfenstern und Parkett. Ein guter, ruhiger Raum. Clean. So wie die Bildwelten, die Milan schafft.

Vielleicht wird er eines Tages wieder mit uns shooten. Das hoffen wir sehr.

Shari

Zwillinge denken in Gegensätzen und Kontrasten. Im Grunde sind sie ein leibhaftiges Oxymoron: Ein Paar, das sich aus Gegensätzen bildet und dabei zusammensteht.

Cape Town war unser Traum aus Licht und Helligkeit und Glück. Aber das war nur die eine Seite dieser Stadt.

Wie könnten wir die andere verschweigen?

Wir können nicht von Cape Town erzählen, ohne Shari zu erwähnen. Ein schönes dunkelhäutiges Mädchen, das uns bei einem späteren Aufenthalt in einem kleinen Hotel empfing, unsere Betten machte und Frühstück servierte. Sharis Freundlichkeit war nicht antrainiert oder aufgesetzt, ihr Lächeln kam von innen. So ein Lächeln siehst du selten.

Am dritten Morgen sahen wir sie vor der Tür stehen und rauchen. Sie hatte beide Hände bandagiert und Mühe, die Zigarette zwischen den steifen Fingern zu halten.

Als wir die Schlüssel abgaben, erkundigten wir uns bei dem Portier, was ihr passiert wäre.

»Ach, das kommt leider häufig vor«, erklärte er.

»Shari lebt in Elsie's River, einem Township. Ihr Mann hat keinen Job und er trinkt zu viel. Dass sie das Geld nach Hause bringt, beleidigt ihn. Er hat ihr die Hände zerstochen. Damit sie nichts mehr tun kann.«

Wir wussten darauf nichts zu sagen, und wissen es noch immer nicht.

Kapstadt ist die zweitgrößte Stadt Südafrikas.

Ihre Geschichte ist von Eroberung und Ausbeutung, Sklavenhandel und weißer Niedertracht geprägt. Um 1901, als die Beulenpest wütete, wurde die schwarze Bevölkerung in zwei Areale unweit der Hafendocks und an der Westseite des Tafelbergs verbracht. 1948 zementierte die National Party die Apartheid. Über vierzig Jahre herrschte das System der Ungleichheit und Unterdrückung.

1991 begann eine neue Zeitrechnung, nachdem Nelson Mandela nur Stunden nach seiner Freilassung, seine erste Rede vom Balkon des Rathauses hielt. Zehntausende waren gekommen. Die Menschen drängten sich auf dem Rathaus-Platz und in den Straßen, sie kletterten auf Laternenmasten und Wagendächer. Mandela war damals über siebzig Jahre alt. Nach siebenundzwanzig Jahren Haft blickte er die Kinder, Frauen und Männer an, die gekommen waren, um ihn zu hören, und rief mit fester Stimme: »Ich stehe nicht als Prophet vor euch, sondern als euer ergebener Diener.«

Cape Town gilt heute als das »Miami Afrikas«, die Stadt steht für Kunst und Kultur, für Lebenslust und Lifestyle. Aber die Verheerungen der Apartheid sind noch immer deutlich. Südöstlich der Stadt ziehen sich die sogenannten »Cape Flats« bis an die False Bay. Die Townships sind verlorene Orte; hier regieren Banden, Armut und Gewalt. Nur die Namen dieser Viertel lassen hoffen: *Langa* heißt »Sonne«, *Gugulethu* »Unser Stolz« und *Khayelitsha* »Unser neues Haus«.

Diese Orte meidest du, wenn du als Tourist, als Model oder Produzent nach Kapstadt kommst. Du vergisst, dass viele Kinder Südafrikas noch immer auf der Schattenseite leben.

Schatten und Licht. In Cape Town prallen Gegensätze aufeinander.

Cape Town war für uns ein Traum aus Licht und Luft und Helligkeit. Für uns, aber nicht für Shari. Dabei ist es ihre Stadt.

Wir hoffen, dass sich das verändert.

Amélé bedeutet »Hoffnung«. Es ist ein schönes Wort.

Moderatoren für morgen

Kapstadt hat uns Glück gebracht. Wir hatten viel riskiert und viel gewonnen – Nina hatte Recht behalten. Das war, als würden wir noch einmal neu anfangen, Punkt null einer neuen Zählung, Zeitrechnung – nach Kapstadt starteten wir richtig durch. Der *Auf und davon*-Beitrag brachte uns jene Medienaufmerksamkeit, die wir uns erträumt hatten, und die Editorials wirkten wie Eyecatcher in unseren Modelbooks. Ständig kamen Anfragen von großen Katalogen. Auch die Gagen stiegen an.

Und jedes Jahr, wenn der Herbst kam, wenn das Licht schwand und die Tage kürzer wurden, packten Nina und ich unsere Koffer. Wir fuhren ins Licht, nach Sehnsuchts-City, Cape

Town. Dort lebten wir auf. Alles war dort intensiver, klarer, strahlender. Die Farben, der Geschmack tropischer Früchte, der Geruch nach Salz und See und Sonne auf der Haut, der Wind, der vom Meer herkommt und dir ins Haar fährt.

Wie Tausende andere Models aus Europa und der Welt überwinterten wir in der Millionenstadt, als unsere Agentin Julia Jonas uns anschrieb.

Zum ersten Mal seit *Auf und davon* hatte sich in diesem Jahr ein Körnchen Unruhe in meine Kapstadt-Euphorie gemischt. Ich weiß noch, dass das viele Casten mich frustrierte. Stundenlang wartest du zwischen wunderschönen Mädchen, eines schöner als das andere, und jedes einzelne viermal so schön wie du – jedenfalls kommt es dir so vor. Ein gelangweilter Azubi klebt dir die Nummer 362 auf die Brust, du sagst »Hi«, setzt dich hin, eine Stunde, zwei Stunden, und je mehr Zeit verstreicht, je mehr Models aufgerufen werden, desto lauter wird die Stimme in deinem Kopf, die fragt: Was machst du hier, Julia? Du bist ja hier vollkommen chancenlos! Ein Sechser in der Sonntagslotterie wäre wahrscheinlicher, als hier gebucht zu werden.

Nina und ich hatten ein paar wirklich gute Shootings – Mega-Schüsse, würde meine Schwester sagen – im Freien gemacht, Material für unsere Sedcards, und etwa jedes elfte Casting brachte einer von uns beiden einen Job ein. Im Grunde war alles in Ordnung. Und trotzdem ... war da diese Unzufriedenheit.

Nina ging es ähnlich. Ich spürte, dass sie unruhig war. Manchmal hat sie etwas Seismographisches. Sie wirkt nervös, beinahe hibbelig, ich frage mich warum, und dann kommt schon das große Beben, irgendetwas Neues, etwas anderes in unser Leben.

Unsere Agentin Julia Jonas schrieb also:

»Ihr Lieben, Frank Elstner sucht Moderatoren für morgen. Eine halbjährige Ausbildung bei Axel Springer, das würde heißen, von den Besten lernen. Bis morgen brauchen sie drei Aufsager und ein Video. Schafft ihr das?«

Natürlich würden wir's versuchen.

Die Frank-Elstner-Master-Class war damals in aller Munde. Sechs Monate würden fünfzehn Teilnehmer Moderatorentrainings absolvieren und das Einmaleins des Journalismus lernen. Gastdozenten wären Christian Ulmen, Nazan Eckes, Benjamin von Stuckrad-Barre und viele mehr. Das Kernthema hieß Web-TV, ein neues, visionäres Feld. Jeder Teilnehmer bekam die Chance, ein eigenes YouTube-Format zu entwickeln. Und was mussten die Bewerber mitbringen? Nichts außer Talent und Leidenschaft.

In Ninas Augen war das wenig – und in meinen Augen ausgesprochen viel. Die Sorge war sofort da, und sie sollte mich während des gesamten, mehrwöchigen Castings nicht mehr loslassen. Was, wenn meine Schwester angenommen würde und ich nicht? Wenn sie diesen Karrieresprung alleine machte und mich abhängte, zurückließ? Sollten die Kassandras dieser Welt am Ende Recht behalten? Würde uns eine Ausbildung auseinanderreißen nach all den Jahren?

Nina war begeistert, und ich versuchte, meine Angst zu zügeln. Ich würde alles geben, und vielleicht, wer konnte das schon wissen, ganz vielleicht, mit sehr viel Glück, wäre ja mein Bestes gut genug.

Für das E-Casting drehten wir einen kleinen Wetter-Aufsager. Ich mimte die Wetterdame im Fernsehstudio, bevor ich an Nina abgab, die »live vom Surferparadies Wayando Beach« berichtete. »Der Wind dreht und es zieht ein bisschen zu, aber noch ist alles hier perfekt! Traumhafte Bedingungen für die Surf Community auf ihren heißen Brettern«, rief mein wilder Zwilling in die Kamera.

Die ganze Nacht über saß Nina im Guesthouse »Lemontree« in Green Point am PC, und gegen fünf Uhr in der Früh gingen die Daten endlich durch. Das WLAN in Kapstadt war äußerst instabil, ständig brach die Verbindung ab, und Nina nahm es als ein gutes Omen, dass der Datentransfer schließlich doch noch gelang.

Ich dachte mir nichts weiter als: mal sehen. Schau'n wir mal.

Zurück im hessischen Winter, erreichte uns die Nachricht, dass wir weiter waren. Die zweite Runde wurde eingeläutet. Gecastet wurde in der Hauptstadt. Der Dreh lief gut, und doch war ich in heller Aufruhr, als wir wieder heimfuhren.

Frank Elstners Sohn Thomas hatte unmissverständlich klargemacht: »Es kann nur eine von euch beiden werden.«

Wenn es eine würde, war es Nina. Nur, was würde dann aus mir?

Ein paar Tage später kam die Einladung zum Recall – ein zweites, entscheidendes Casting, kurz vor Weihnachten. Aus rund zweitausend Bewerbern waren um die fünfzig übrig. Nina und ich waren die letzten im Studio. Während des Abschminkens trat Thomas Elstner zu uns in die Maske. Er zwinkerte uns freundlich zu.

»Zwillinge, ihr seid dabei. Und zwar beide!«

Ich konnte unser Glück kaum fassen. Das hier war die Chance, auf die wir beide gewartet hatten. Wir würden in einem wunderbaren kreativen Umfeld Neues lernen – und wir würden uns beweisen müssen. Natürlich hatte ich auch Angst. Nina fiel das Reden leicht – mit Worten konnte sie umgehen –, mir aber klebte die Zunge oft am Gaumen wie ein Fremdkörper. Mich würde die Ausbildung an meine Grenzen bringen, ich würde meine Ängste überwinden müssen, meine Scham und meine Scheu.

Wenige Wochen später ging es los. Außer uns waren dreizehn andere junge Frauen und Männer genommen worden, darunter Schauspieler, Musicaldarsteller, Sänger, eine Radiomoderatorin und Studenten. Sie kamen von überall her, und sie ließen ihr altes Leben über Nacht zurück. Kündigten ihren Job und ihre Wohnung, packten ihre Koffer, küssten ihren Freund oder ihre Freundin Good Bye, sie winkten, schnäuzten sich und stiegen in den Zug, setzten sich in den Flieger, reisten nach Berlin. Das war Aufbruchsstimmung pur, ein Gefühl, wie in den Startblöcken vor einem großen Lauf.

Niemand wusste, was uns in Berlin erwartete.

Nina war euphorisch, wie elektrisiert.

Und ich machte mir wie üblich Sorgen. Das eine war die Ausbildung, das andere war Berlin. Kaum vorstellbar, dass wir zwei Dorfmädchen aus Spießhausen in der größten Stadt Deutschlands klarkämen. Berlin, für mich war das ein fremder Kontinent, den ich ohne Kompass und Karte bereisen sollte.

IV
Berlinstorys

»Janz alleene«

Wir haben eine gute Nase. Als ich das kürzlich einer Freundin gegenüber erwähnte, brach die in Lachen aus. »Das hört sich an, als würdet ihr euch eine Nase teilen!« Mir war das gar nicht aufgefallen. Tatsächlich ist unsere genetische Übereinstimmung sogar für eineiige Zwillinge hoch.

Apropos Übereinstimmung: Lange ging die Forschung davon aus, die DNA eineiiger Zwillinge sei absolut identisch. Das war ein Trugschluss. Minimale Mutationen der Stammzellen verändern die Genome – und helfen später bei der Unterscheidung. Die Kriminalgeschichte kennt spektakuläre Zwillingsfälle: Bis heute ist der Juwelenraub im KaDeWe aus dem Jahr 2010 ungelöst. Die DNS-Spur, die Ermittler finden, führt zu einem Hauptverdächtigen – nur hat er einen eineiigen Zwillingsbruder. Wer von beiden hat die Tat begangen? Noch sind die Verfahren der Genetiker nicht ausgereift – aber eines Tages werden sie vielleicht erlauben, den Schuldigen zu finden. Übrigens hätte ein am Tatort hinterlassener Fingerabdruck zur Klärung ausgereicht: Noch nie wurde ein Zwillingspaar mit identischem Fingerabdruck gefunden. Der Fingerabdruck ist einzigartig, eine Art Lebensstempel.

Nina und ich haben verschiedene Fingerabdrücke, aber wir haben eine gute Nase, will sagen: zwei genau gleich gut funktionierende Nasen. Das hat Vor- und Nachteile.

Berlin hat mir gestunken. Die Stadt ging mir zu nah, mit ihrem Lärm und ihren Baustellen, ihrer Armut, ihrem Schmutz, mit ihren Mauerresten und Gegensätzen, mit ihren Gerüchen und Geräuschen, laut und lärmend und nah und hochtourig, das war Berlin. Der Straßensound war überhaupt nicht meiner. Berliner Schnauze fand ich anstrengend. Warum sagten alle »Du« zu mir? Berlin bedrängte mich: Wenn ich zu Hause lag und las, rief die Stadt nach mir, von draußen drangen ihre Geräusche und ihr Licht herein, was machst du, Julia Meise, hast du nichts Besseres zu tun? Wie Nina mag ich Helligkeit. Aber das Berliner Licht hatte etwas Quälendes. Nachts wurde es einfach nicht dunkel. Berlin ist immer wach, immer erleuchtet. Und überall sind Menschen. Sie sitzen auf Plastikstühlen auf dem Gehweg und essen Pizza oder knabbern Sonnenblumenkerne, sie drängen sich im Volkspark, sie sitzen an der Spree, in Straßencafés, drinnen, draußen, überall sind Menschen.

Ich mag die Berge. Skifahren. Die Schnelligkeit, die Luft, das Weiß, das Gleißen und das Blau des Himmels: *Freeride*, ich, allein im unberührten Schnee. Am liebsten fahr ich ohne Nina. Wenn ich sie in meinem Rücken weiß – sie fährt immer hinter mir, weil sie so unsicher auf Skiern ist –, komme ich aus dem

Takt. Ständig scanne ich den vor uns liegenden Pistenabschnitt auf Hubbel und Tiefschnee, Fallen, in die meine Schwester tappen könnte. Hoffentlich verkannten sich deine Skier nicht, denke ich, hoffentlich hältst du das Gleichgewicht. Ich komme aus dem Rhythmus, und auch aus dem Fluss. Freunde, Fremde und Bekannte fragen mich, ob ich es spüre, wenn es Nina schlecht geht. Für die Piste gilt das unbedingt. Während ich ins Tal schaue und Tempo aufnehme, sehe ich Nina hinter mir, sie steht oben, voller Angst, den Berg wie einen Gegner vor sich, den es zu bezwingen gilt. Dann sage ich ihr – ausnahmsweise – in Gedanken, mach dich locker, Schätzchen.

Wenn ich alleine fahre, oder mit guten Fahrern, fühle ich mich frei. Vielleicht ist der Berg der einzige Ort, an dem alles gut ist ohne Nina. Vielleicht verschluckt das Weiß sogar das Wissen, das Bewusstsein, dass ich einen Zwilling hab. Das nennt man Flow, nicht wahr? Ich vergesse Nina, ich vergesse mich, und ich bin ganz bei mir.

Berlin war das Gegenteil der Bergeinsamkeit, die ich so liebte.

Nina wusste, dass ich mich nicht wohlfühlte. Sie kennt mich, und selbst wenn ich mich nicht beschwerte, sah sie es an meiner Miene oder an der Art, wie ich die Schultern hochzog, wenn wir unterwegs waren. Meine Schwester fand mich nervig. Das Problem war, dass ich nicht nur in der Stadt, sondern auch zu Hause fremdelte. Während der Wohnungssuche hatten wir unter solchem Zeitdruck gestanden, dass wir nicht wählerisch sein konnten. Unsere Mietwohnung lag direkt am Hackeschen Markt, in Mitte.

Sie war gut geschnitten, hell, modern, aber in üblem Zustand. Altes Laminat und fleckige Tapeten, stillos-funktionale Einrichtung. Und sie blieb mir fremd.

Da war dieser Geruch. Es roch nach billigem Parfüm. Der Hauch eines Männerduftes hing im Flur, im Wohn- und auch im Schlafzimmer.

»Riechst du das auch?«, fragte ich Nina abends, bevor ich das Licht löschte.

»Ja ... merkwürdig!«

»Wenn ich es nicht besser wüsste, würde ich denken, hier war ein Mann in unserem Bett.«

Einmal war das Unterwäschefach zerwühlt, ein andres Mal der Duschknauf abgeschraubt. Natürlich verdächtigte ich Nina – und sie mich: »Julia, warum hast du denn das Shampoo in den Schrank geräumt?«

»Das war ich nicht.«

»Ach komm, hör auf.«

»Ich sag dir doch: Ich war das nicht! Du musst das gewesen sein.«

Nina behauptet von sich, sie sei viel ordentlicher als ich. Wahr ist, dass sie ein eigenes System hat. Ninastyle. Ich passe mich ihr an, weil ich weiß, wie sehr jede Abweichung sie irritiert. Jetzt sah ich, dass sie durcheinander war.

»Hör mal«, sagte sie mit ganz untypischem Ernst. »Ich weiß, dass du hier wegwillst, Julia. Ich weiß das. Aber ich kann es nicht ändern. Machst du deshalb auf Poltergeist?«

Ich zuckte mit den Schultern, unentschieden, einlenkend, und die Auseinandersetzung war beendet. Was soll's, dachte ich, man kann nicht jedes Alltagsrätsel lösen. Ich weiß noch, dass ich ein andres Mal kurz an die Stasi dachte, Stasimethoden sind das, der Gedanke flackerte auf wie eine defekte Glühbirne in einem abgedunkelten Zimmer, und im nächsten Augenblick war er vergessen. Berlin machte uns einfach völlig crazy.

Ich fühlte mich nicht wohl.

Nina hatte damals einen Freund in Frankfurt, und jedes Wochenende fuhr sie heim. Ich fuhr immer mit. Freitagmorgens nahmen wir unsere Rollköfferchen mit ins Büro, zu Springer, und nachmittags saßen wir im Zug nach Hause.

Meine Kollegen fanden das völlig unverständlich. Für sie war Berlin die Stadt der Möglichkeiten, unfertig, im Umbruch. Sie liebten das, was mich erschreckte. Jeden Freitag redeten sie auf mich ein, ich solle bleiben, der Hauptstadt eine Chance geben, und irgendwann gab ich ihrem Drängen nach.

Es war ein heller, angenehmer Tag im Frühsommer. Ich trat durch die Flügeltür in den runden, von Mietshäusern umstandenen Innenhof. Zum ersten Mal kam ich alleine, ohne meine Zwillingsschwester. Ich sah an unserem Haus hinauf und spürte, wie ich ruhiger wurde. Es war lau und warm und alle Fenster standen offen. Das Haus hat Augen, dachte ich. Wenn etwas passieren würde, wären meine Nachbarn da. Ich war hier nicht allein.

Im Flur empfing mich kühle Luft. Langsam stieg ich in den zweiten Stock hinauf und steckte den Schlüssel ins Schloss. Eine halbe Drehung und das Schloss gab klickend nach. Moment. Das war nicht richtig. Nina und ich schlossen immer zwei Mal ab, wenn wir gingen.

Habe ich erst den Geruch ausgewertet, der mir entgegenschlug, oder das Bild, das sich mir bot? Es war, als dünstete die Wohnung etwas aus: Schweiß und Aftershave. Auf dem Boden lag eine Männerjacke. Graubraun, eine leichte Outdoorjacke.

Ich schlug die Tür zu. Die Treppen hinunter, Haustür auf und aus dem Halbdunkel ins Licht. Erst bei der Birkengruppe im Innenhof erinnerte ich mich ans Atemholen. Nina saß im Zug. Sie konnte mir nicht helfen. Ausgerechnet jetzt war sie nicht da. Ich rief unsere Freundin Lisa an.

»Hier ist jemand!«, sagte ich halblaut.

»Julia? Was sagst du?« Sie klang schläfrig. Als hätte sie gerade ein Nickerchen auf dem Balkon beendet.

»In unserer Wohnung war ein Mann. Er hat seine Sachen dagelassen. Hörst du, da war jemand. Es riecht merkwürdig!« Ich sprach den Gedanken aus, bevor ich ihn gedacht hatte: »Vielleicht ist er noch da.«

»Das kann nicht sein.« Jetzt klang unsere Freundin wacher. »Du bildest dir was ein!«

Hier, im Schatten der Birken kam es auch mir unwirklich vor.

»Ich bin sicher. Ich weiß, was ich gesehen habe. Bitte, komm vorbei.«

Eine Viertelstunde später war sie da. Ich deutete auf den Boden.

»Siehst du das?«, flüsterte ich. »Diese Jacke gehört uns nicht. Sie gehört nicht hierher. Das ist eine Männerjacke.«

Lisa nickte.

Auf der Ablage vor unserem Badezimmerspiegel stand ein Aftershave. Lisa sah mich aus großen, blanken Augen an. Sie nickte wieder.

Im Wohnzimmer fiel mein Blick auf den Kleiderstapel. Pullis auf Pullis, Hosen auf Hosen und so weiter. Jemand hatte die Sachen neu sortiert. Jemand hatte unsere Kleider angefasst, vielleicht hatte er sie auseinandergefaltet und an dem Stoff gerochen, Blusen und T-Shirts glattgestrichen. Mir wurde übel. Als hätten fremde Hände mich berührt.

Jetzt kamen mir die Tränen.

»Soll ich die Polizei rufen?«

»Ja. Sofort!«

Mit zittrigen Händen wählte ich die 110. Berliner Polizisten sind einiges gewöhnt, die Stadt ist ein Moloch, ein tausendarmiger Bandit, und sie sind immer viel zu wenige. Diese Sache nahmen sie sehr ernst.

»Frau Meise, halten Sie sich von den Fenstern fern, bleiben Sie ruhig und machen Sie kein Licht. Die Kollegen sind gleich bei Ihnen.«

Minuten später klingelten zwei Uniformierte an der Tür. Nachdem wir sie herumgeführt hatten, wandten sie sich ernst an mich.

»Das ist Stalking. Dieser Mann will Ihnen nahe sein – Ihnen und Ihrer Schwester. Er lebt Ihr Leben mit, er isst an ihrem Frühstückstisch und schläft in Ihrem Bett, er benutzt Ihr Duschgel. Und er zeigt sich. Er will gesehen, aber nicht gefunden werden.«

Das also war die Lösung des Rätsels. Warum waren wir nicht darauf gekommen?

»Frau Meise«, fragte der Beamte jetzt, »wer wusste denn, dass Sie am Wochenende fort sein würden? Wer hat alles einen Wohnungsschlüssel?«

Das Bild war sofort da. Ein kleiner Mann mit Glatze. Immer ein paar nette Worte übrig, berlinerisch, auf eine angenehme Art. Erst heute Früh waren Nina und ich ihm im Innenhof begegnet.

»Na, Fräuleins. Jehts wieda uff Reisn? Frankfurt, ja? Da wünsch ick aba viel Verjnügn. Ick bleib hier und seh ma nachm Rechtn.«

Meine Schwester hatte ihn angelächelt: »Ja, wir fahren nach Frankfurt.«

»Der Hausmeister«, sagte ich tonlos.

Die beiden wechselten einen kurzen Blick. Die Nachricht schien sie nicht zu überraschen.

»Okay. Hören Sie, der Mann wird wiederkommen. Er wird nicht lange auf sich warten lassen. Wir bleiben hier.«

Es vergingen zehn, zwanzig Minuten, angespanntes Warten. Dann hörten wir Schritte im Korridor. Ein Schlüssel drehte sich im Schloss. Die Beamten waren schon an der Wohnungstür, als sie sich öffnete.

»Juten Tach«, hörten wir die vertraute Stimme von der Tür her.

»Tschuldjung, ick will nich stören ...«

»Kommen Sie bitte herein«, sagte der ältere der beiden Beamten mit fester Stimme. »Das ist nicht Ihre Wohnung, oder?«

»Nee, dit is ... Ick bin der Hausmeester. Ick hätte ... äh ... ick wollte nur ne defekte Jlübirne auswechsln.«

»Und da deponieren Sie Ihr Aftershave im Bad? Beim Auswechseln einer Birne? Wussten denn die beiden Frauen, dass Sie kommen würden?«

Lisa und ich hatten den ersten Schrecken überwunden.

»Was für eine Birne?«, hörte ich mich selbst mit fremder Stimme sagen. »Alle Lampen funktionieren. Es gab hier nichts für Sie zu tun.«

Der Hausmeister blieb bei seinem Berlinerisch, und bei seinen Ausflüchten.

»Das können Sie auf der Wache weiter ausführen«, erklärte einer der Beamten. »Wir haben die Anzeige aufgenommen.«

In dieser Nacht schlief ich bei Lisa. Erst als Nina aus Frankfurt zurück war, traute ich mich wieder in die Wohnung.

Drei Tage später stand er vor der Tür, einen Strauß müder Margeriten im Arm.

»Dit tut ma ja so leid. Die janze Uffrejung. Da, nehmen se de Blumen ...«

Nina nahm mir das Reden ab.

»Sehen Sie nicht, wie unpassend das ist?«, fragte sie streng. »Wir wollen Ihre Blumen nicht. Wir wollen überhaupt keinen Kontakt zu Ihnen. Kommen Sie nicht wieder. Sie hören von der Polizei.«

Der Mann sah aus, als hätte man ihn geohrfeigt. Im Hausflur nahm er sich plötzlich sehr klein aus. Langsam ließ er die Blumen sinken.

»Ick vastehe.« Er zuckte mit den Schultern. »Dann noch nen schön' Abend. Nischt für unjut.«

Nina und ich beschlossen noch am selben Abend auszuziehen. Hier würden wir uns nie mehr wohlfühlen. Ein paar Tage später, wir liefen im Sonnenschein über den Hackeschen Markt und waren ganz vertieft in ein belangloses Gespräch, klingelte mein Handy. Das Display sagte: Nummer unbekannt.

Ich blieb stehen und berührte meine Schwester am Arm. Dann nahm ich das Gespräch an.

»Herr Schulze hier«, hörte ich die Stimme unseres Hausmeisters.

»Ja?«, fragte ich angespannt.

»Seh'n se ... Mir jehts nich jut. Meene Frau hat mir verlassn, Kinda hab ick nich. Ick bin janz aleene. Frau Meise, ick wees nich, ob Se dit vastehn könn`. Ick will Se nich belästjen – ick wollte nur, dass Se wissn: Wenn Se de Anzeije nich zurücknehm, bring ick ma um. Ick bring ma um! Meen Job is allet, wat ick habe.«

Er hatte atemlos gesprochen, und ich antwortete sofort, bevor ein Schweigen in der Leitung wuchs.

»Es ist gut«, sagte ich. »Wir ziehen die Anzeige zurück.«
Der Mann seufzte.
»Rufen Sie nicht wieder an. Tun Sie das nie wieder.«
Gegen meinen Willen hallten seine Worte in mir nach. Der Hausmeister hatte den Blues gesungen, auf Berlinerisch, und auch wenn er mir zuwider war, tat er mir leid.

Der diensthabende Beamte bemühte sich, mich umzustimmen. »Das ist eine alte Masche«, sagte er, »wollen Sie, dass er so weitermacht? Frau Meise, Sie wollen doch nicht, dass so einer durchkommt?«

Ich blieb fest. Der Mann hatte uns gedroht. Wenn meine Schwester und ich ihn anzeigten, würden wir ihn in den Tod treiben. Damit konnten wir nicht leben. Die Vorstellung, morgens die *BZ* aufzuschlagen und in den Spalten für Vermischtes zu lesen, ein Hausmeister aus Mitte habe sich umgebracht, war unerträglich. Das würde uns nie mehr loslassen. Der Mann würde Teil unseres Lebens bleiben, egal, ob er seine Drohung wahrmachte oder nicht.

Nina und ich reden nur selten über das, was damals in Berlin geschehen ist.

Wir sind sehr vorsichtig geworden. Wenn ein Fan uns merkwürdige Nachrichten auf Facebook schickt, wird er sofort blockiert. Wir schützen uns und unser Leben.

Manchmal kommt mir ein Gedanke, den ich kaum ertrage. Was ist, wenn er es wieder tut? Wenn er anderen Frauen nachstellt?

Dann tröste ich mich damit, dass es uns nicht zufällig getroffen hat. Ein Nichtzwilling hätte sofort begriffen, dass jemand in der Wohnung war. Wir aber verdächtigten einander. Ob er darauf spekuliert hatte? Ob er daran dachte, wenn er nach einem Wochenende in unserer Wohnung seine Sachen zusammensuchte und sich erlaubte, nachlässig zu sein? Dachte er, die beiden werden meine Spuren finden, sie aber nicht zu deuten wissen? Ich will, dass sie mich spüren, obwohl sie mich nicht sehen?

»Ich bin ganz alleine«, hatte er am Telefon gesagt. Und dann: »Ich weiß nicht, ob Sie das verstehen können.«

Das Leben dieses Menschen war so leer, dass er sich ein fremdes suchte. Er verschwand in einem fremden Leben, ist das nicht ungeheuer traurig?

Vielleicht ist es das erste und das letzte Mal gewesen. Hoffentlich! Vielleicht haben wir ein schlafendes Ungeheuer geweckt. Wir, die wir nie alleine sind, die wir gar nicht wissen, wie das gehen könnte. Zwischen uns ist so viel Nähe. Das muss ihn angezogen haben.

Alleinsein macht Menschen auf Dauer zu Fremden – erst verlieren sie die Verbindung zu ihren Mitmenschen, und dann verlieren sie sich selbst.

Alleinsein ist ein Seelenfresser.

Bettgeschichten

Fünfundachtzig von hundert Männern träumen davon, mit zwei Frauen das Bett zu teilen.

Und wenn diese beiden Frauen Schwestern wären? Zwillingsschwestern? Wenn sie einander glichen? Zwei gleich rote Münder, zwei paar hellblaue Augen, zwei Mal blondes Haar und vier zarte Hände?

Mit Zwillingen unter die Laken schlüpfen, ist für Männer reizvoll, aber auch verwirrend.

Nina und ich wissen, wovon wir reden.

Unser Abschlussprojekt in der Frank-Elstner-Masterclass war ein sogenanntes Online-Web-Format. Jeder Nachwuchsmoderator bespielte einen eigenen YouTube-Kanal. Unsere Freundin Lisa war so komisch, dass wir uns die Bäuche hielten, wenn sie eine kleine Einlage zum Besten gab. Jetzt entwickelte sie eine Figur, die bald Tausende Klicks einsammelte. Die »Klugscheißerin« erklärte ausgefallene Begriffe – und war dabei so amüsant und lustig, als hätte sie die Wendung »spielend lernen« neu erfunden. Simon Bus brachte mit »Turnschuh.TV«, ein Format für Sneakerfreaks ins Netz. Und Nina und ich stiegen vor laufender Kamera mit Prominenten ins Bett. Unser Kanal hieß Meise-Zwillinge, und unsere Sendung *Bettgeschichten*.

Immer waren unsere Gäste Männer, und sie kamen aus allen Regionen der Medienlandschaft. Moderatoren, Blogger, YouTube-Stars und Film- und Fernsehschauspieler. A-, B-, C-Promis.

Unsere Sendung wurde auf YouTube ausgestrahlt, hieß *Bettgeschichten* und spielte in der Anonymität eines schicken Berliner Hotelzimmers.

Das Setting war immer gleich: Nina und ich klopfen im Pyjama an eine Hoteltür, »Zimmerservice«, flötet eine.

Der Gast liegt noch im Kingsizebett, zwischen weiß gestärkten Laken, guckt verdutzt, guckt weg, guckt wieder und reibt sich die Augen. Natürlich weiß er, was ihn hier erwartet, aber er spielt mit.

»Darf es Kaffee sein? Und Saft? Ein Croissant vielleicht?«

Wir reichen einen Frühstückssnack – und legen uns dazu. Eine links, eine rechts, und die Decke bis zum Kinn. Das war der schwierigste Moment. Der Raum war komplett ausgeleuchtet und wir waren nicht allein: Kameramänner, Techniker und Redakteure verfolgten jede unserer Gesten. Trotzdem kostete es uns Überwindung.

Meist war es Nina, die das Eis brach. Eine ihrer Lieblingsfragen lautete: »Wie riechst du eigentlich?«

Ich werde nie vergessen, wie TV-Star Jochen Busse uns schnuppern ließ. Er roch wirklich gut. Sehr sauber. Angenehm.

»Sehr gut!«, lobte ich, und Nina rief: »Fantastisch!«

Dann erklärte sie: »Ich hätte nicht gedacht, dass ...«, sie stockte, lachte, schlug die Hände vors Gesicht.

»Na?«, Jochen zog in gespielter Neugierde die Brauen hoch. »Na, was meintest du? Lass raus!«

Ich hörte den Redakteur geräuschvoll die Luft einziehen. Jeder hatte sie verstanden. Jetzt gab es kein Zurück.

»Meine Schwester meint, sie hätte nicht gedacht, dass man im Alter so gut riechen kann«, sagte ich freundlich, und Busse brach in Lachen aus.

Die Gespräche, die sich *in bed with Nina & Julia* ergaben, waren immer überraschend, immer frisch, frech und charmant. Unsere Gäste waren alte Hasen aus dem Showbusiness. Sie wussten, wie man sich vor einer Kamera in Szene setzt, was man sagt und worüber man besser schweigt. Sie wussten und vergaßen es – wenn sie erst einmal zwischen uns im Bett lagen. Männer, die in der Öffentlichkeit peinlich darauf bedacht waren, nicht zu viel Privates preiszugeben, lupften die Decke der Verschwiegenheit. Ich weiß nicht, was ihnen die Zunge löste und Geständnisse entlockte. War es das intime Setting? Oder die Verwirrung, die wir beide auslösten? Der Verdoppelungseffekt?

Natürlich spielten wir damit.

»Was meinst du«, fragte Nina gern. »Kannst du uns beide auseinanderhalten?«

»Sicher! Du bist Nina. Du bist Julia. Das ist eine meiner leichtesten ...«

»Aha. Sehr gut. Sehr schön. Dürfen wir das testen?«

»... klar! Ich weiß doch, was ich sehe.«

Ich verband dem Gast die Augen, und Nina und ich hüpften eine Weile auf dem Bett herum. Wir schlüpften wieder zu dem Mann unter die Decke und nahmen ihm die Binde ab.

»Na? Wer ist wer?«

Fast alle Männer täuschten sich – und erröteten wie Schuljungen, die sich ertappt fühlen.

Nina und mich auseinanderzuhalten ist keine Kunst. Unsere Freundinnen würden uns nie verwechseln. Woran man uns unterscheiden kann, verrate ich nicht. Schließlich basiert unser Geschäftsmodell auf Verwechslung. Meine Schwester und ich nehmen es niemandem übel, wenn man sich bei uns nicht auskennt, ganz im Gegenteil. Aber den meisten Menschen ist es furchtbar peinlich. Gerade Männern!

Während der *Bettgeschichten* verschaffte uns dieser Moment den entscheidenden Vorteil. Gestandene Männer gerieten aus dem Gleichgewicht. Sie hatten die Oberhand verloren, und sie gewannen sie nicht wieder.

Nina preschte vor, und ich bildete die sanfte Nachhut. Sie war frech und laut und ich zurückhaltend und leise. Sie wissen schon, das Good-Cop-Bad-Cop-Spiel. Oder, anders formuliert, mit einem Bild von Alex: Nina und ich waren Engel links und Teufel rechts in den Ohren unserer Talkgäste.

Die allerwenigsten blieben cool. Einer davon war Rainer Langhans. Freie Liebe, Frieden, Drogen und Exzesse, Uschi

Obermaier, die Kommune 1. Heute ist der Revoluzzer mit seiner runden Brille und der ergrauten Lockenpracht das Gesicht der 68er. In München kennt man ihn: Mit blütenweißem, aufgeknöpftem Leinenhemd, lässiger weißer Leinenhose und Jesus-Sandalen radelt er pfeifend durch die City, grüßt nach links und rechts und lacht.

Mit uns im Bett zu liegen, brachte ihn nicht aus der Fassung. Ganz im Gegenteil. Es war ein Déjà-vu für ihn: Rainer kannte das! Nina und ich erinnerten ihn an die traumschönen wilden Zwillinge, an Gisela Getty und Jutta Winkelmann. Beide hatten in der Kommune 1 mit ihm gelebt, und beide hatten ihn geliebt, jede auf ihre Art. Wer das Buch der beiden kennt, weiß, dass sie ganz anders waren als wir. Exzessiv und unerschrocken. Pionierinnen der 68er-Revolte. Wilde Locken, Lust und Verwegenheit im Blick. Die beiden hatten etwas Mythisches, Entfesseltes.

Was uns vier verband, war das Symbiotische. Langhans' Freundinnen hatten sich geliebt und gehasst, sie hatten einander bis aufs Messer bekämpft und wieder vertragen. Zusammen waren sie in die weite Welt gezogen und doch immer bei sich geblieben. »Wir beide waren eine Gang«, erzählt Jutta in einem späten Fernsehinterview. »Wir waren freier als die anderen. Wir brauchten uns nicht anpassen.«

Langhans sprach an diesem Sendetag im Bett mit uns, aber er sprach zugleich mit seinen beiden Freundinnen. Das war sonderbar, berührend. Ein Talk wie eine Zeitreise.

»Mädels, ihr müsst auch mal etwas alleine machen«, riet er ernst. »Jede für sich. Wenn ihr nur symbiotisch unterwegs seid, kommt ihr euch selbst abhanden.«

Julia und ich nickten brav. »Ja, klar, das machen wir ja schon! Rainer, wir arbeiten daran!«

Wahr ist, dass das eine Lüge war. Oder eher eine Standardausflucht. Wann immer wir zu hören bekamen, jede von uns müsse ihren Weg alleine finden, nickten wir und dachten, ja, ja, Freund, du kannst uns viel erzählen. Heute wissen wir, dass er nicht unrecht hatte. Nur, wenn wir ab und an die Rollen tauschen, wenn wir die Verhältnisse umkehren, die in unsrem Zwergstaat herrschen, sind wir auch zusammen frei. Jetzt, wo Zwillingssein unser Beruf und unsere Berufung ist, wo uns außer Tod und Teufel nichts mehr trennen kann, gönnen wir uns kleine Freiheiten. Aber das ist ein anderes Kapitel, und ich will nicht vorgreifen.

Damals nickten wir mit müdem Desinteresse.

Wir ahnten nicht, dass Rainer eine Geschichte auf Lager hatte, die uns im Innersten berührte.

Damals, erzählte er, damals in Berlin, als es noch Gut und Böse gab, die Russen und die Amis, Kriegstreiber und Pazifisten, die Jungen und die Alten, das Establishment und die Revolution, als die Welt noch zweigeteilt war, und die Kompassnadel junger Menschen sich an den beiden Polen »Westen« und »Osten« ausrichtete, damals habe er beide Zwillinge geliebt. Das Leben war im Umbruch, alles war erlaubt, alles war gut, was neu und unverbraucht war und nichts mit der piefigen Enge zu tun hatte, in der die Elterngeneration sich eingerichtet hatte.

Gisela und Jutta waren mutig. Rainer war es auch, er traute sich, wovon die meisten Männer heimlich träumten.

»Es ist kein Problem«, hatten ihm die Zwillinge erklärt, »wir können beide mit dir schlafen«.

Langhans freute sich – ihn trieb die Lust, und ihn reizte das Abenteuer. Er liebte – beide –, soweit konnte ich ihm folgen. Auch mein Freund Alex liebt uns beide – aber ich bin es, die er begehrt.

Rainer dachte, es sei kein Problem, und dann war es doch eines. Gisela und Jutta hatten sich ihre Lines geteilt, gemeinsam waren sie in Rom und in L.A. gewesen und auf den Regenbogen-Psycho-Trips, die dir das LSD verschafft. Die beiden jungen Frauen kannten keine Grenzen. Alles war Erweiterung. Sie hatten mit Fellini gearbeitet, Dylan geküsst und Jagger Bckstage besucht. Aber mit demselben Mann zu schlafen, ging zu weit.

Wochenlang gingen die beiden einander aus dem Weg. Etwas war zwischen sie gekommen.

Als Rainer uns davon erzählte, rutschte ich unwillkürlich von ihm ab. Diese Vorstellung ging mir zu nah, es war beinahe unerträglich. Wie konntest du nur?, dachte ich. Wie konntest du das tun?

Was hat mich damals an dieser Geschichte so erschüttert? Erst meinte ich, es sei Moral, oder genauer: Konvention. Das Bürgerliche, das sich in mir regte. Dann begriff ich, dass es anders war.

Wenn Nina und ich mit demselben Mann zusammen wären, würde sich etwas verändern zwischen uns. Das wäre wie eine Mondlandung. Ein Fremder auf unserem Planeten. Die Nähe zwischen Zwillingen ist offenbar und bleibt trotzdem geheimnisvoll. Nina und ich haben einen Ort, der unberührt sein muss.

Rainer hatte recht: Ihm, der Tabus nicht kannte, tat es leid um diese Grenzverletzung, noch jetzt, Jahrzehnte nach den beiden Nächten mit Jutta und Gisela.

Wir verstanden ihn.

Seit Jahren stellten wir Männer auf die Probe, die wir kennenlernten.

»Sag mal«, fragen wir arglos, mit interessierten Mienen: »Könntest du dir das vorstellen, einen Dreier: Du und ich und meine Schwester?«

Auf diese Frage gibt es nur eine richtige Antwort. Sie lautet: »Nein! Auf keinen Fall!«

Wer zögert oder zaudert, grübelt oder abwägt, der ist raus. Game over. Wer uns beide will, wird keine haben.

Rainer Langhans war ein sehr entspannter Bettgenosse. Er brachte uns zum Nachdenken. Ein freier Mensch. Freiheit hat nichts Obszönes, im Gegenteil, sie macht dich schön. Rainer sah mit über sechzig gut aus. Und er roch nicht schlecht, das muss ich zugeben, auch, wenn ich es erstaunlich finde: Rainer riet uns nämlich nachdrücklich vom Duschen ab. Er sei Verfechter des Ein-Wochen-Rhythmus, auch beim Haarewaschen.

»Guckt Euch mein Haar an! Glänzend, dicht und schwungvoll.«

Nina und ich nickten anerkennend.

Langhans war ein wirklich weiser Typ.

Aber diesen einen Rat würden wir nicht befolgen.

Porno

Jenke von Wilmsdorff hatten wir auch im Bett. Kennen Sie *Das Jenke-Experiment*? Jenke ist der Mann, der sich vor laufender Kamera mit Junkfood fett fraß, sich in künstliche Wehen versetzen ließ und schrie und weinte, der im LSD-Rausch fieberte und sich vier Wochen lang ins Koma soff. Der ewige Grenzgänger. Einer, der *sich aussetzt*, öffentlich. Jenke holt uns einen Abend lang das Elend in die gute Stube, da wird's im Fernsehsessel noch gemütlicher.

Als er zu uns ins Bett stieg, hatte er gerade zwei Wochen in Gesellschaft US-amerikanischer Pornostars verbracht. Die Redaktion war richtig heiß auf ihn. Das Motto lautete: *Sex sells*.

Nina und ich nickten artig, Zwilling-Style, synchron, als sie uns ihre Fragen vorschlugen. »Ja, klar, das machen wir!«

Jede Absprache war unnötig. Wir beide wussten von Anfang an, dass wir das nicht tun würden. Aber wir behielten es für uns.

Vor der Sendung wurde Jenke wie alle anderen Talkgäste über unsere Fragen informiert. Der RTL-Shootingstar dachte, es ginge um die Pornoindustrie in Übersee. Er täuschte sich.

Ich werde nie vergessen, wie Nina die Geschichte drehte. Sie fragte beiläufig nach seinem Sohn.

»Sag mal, wie findet es dein Sohn, was du da machst?«

Jenke sah sie interessiert an. Er wirkte wach. Und neugierig. Als er bei uns im Bett war, pulste kein Adrenalin durch seine Adern. Das war Jenke, der Vater, nicht der Abenteurer. Sozusagen der Anti-Jenke.

»Das ist eine gute Frage …«

Der Redakteur machte uns von der Zimmertür her ein Zeichen, flache Hand durchschneidet Kehle, hört jetzt auf, sofort, und Nina lächelte und fragte weiter. Es entspann sich ein Gespräch über Beziehungen. Über Vater-Sohn-Konflikte und die Frage, was man riskiert, wenn man im öffentlichen Fernsehen blankzieht. Was macht es mit einem heranwachsenden Jungen, wenn sein Vater und Vorbild die Sensationslust von Millionen Menschen befriedigt?

Als die Sendung im Kasten war, glühte unser Redakteur vor Zorn.

»Was habt Ihr euch dabei gedacht? Wir hatten eine Absprache! Ich schwör euch, das wird Konsequenzen haben!«

Wir lächelten ihn freundlich an.

Zwei Wochen später saßen wir im Chefzimmer.

Unser Gegenüber lehnte sich im Drehsessel zurück.

»Habt ihr eigentlich schon mal von Online-Reichweite gehört?«

Wir wussten beide, was er meinte. Im Netz musst du extrem sein. Da herrscht ein ständiges Buhlen und Betteln um Klicks. Was krass ist, wird geklickt. Scham und Scheu sind out, Grenzverletzungen alltäglich. Porno, das geht immer. Aber Vater-Sohn-Beziehungen? Unser Talk mit Jenke war wie ein Meta-Kommentar: Was macht die öffentliche Selbstentblößung mit unserem Privatesten? Was wagt und was verliert man? Was bedeutet heute noch Intimität? Und wie bleibt man authentisch?

Nina ließ die Stille andauern, ein Move, der ihr nicht ähnlich sah. Dann sagte sie: »Ja, sicher. Hast du eigentlich schon mal von Markenaufbau gehört? Imagepflege, sagt dir das was?«

Unser Chef hatte sich vorgebeugt und betrachtete sie interessiert.

»Hör zu«, Nina hatte einen guten Lauf, und ich erwartete gespannt, was kam: »Von uns aus können andere einen Salto rückwärts schlagen, nackt, und sich dabei mit einem Messer selbst verletzen. Reichweite ist wichtig, aber längst nicht alles. Wir sind nur gut, wenn wir authentisch bleiben. Verstellung liegt uns nicht«

Einen Augenblick schwieg sie.

Dann fügte sie hinzu: »Wir haben hier unheimlich viel gelernt. Vielleicht ist es an der Zeit, dass wir wieder eigene Wege gehen.«

Unser Chef nickte, versöhnt.

Nach Abschluss der Masterclass wurde unser Sendeformat zeitnah wieder abgesetzt.

Was wir machten, war zu leise für den Online-Dschungel.

Wer hört die Meisen zwitschern, wenn der Tiger brüllt?

Nina und ich haben das nicht bedauert. Wir gingen gut gelaunt und dankbar, so wie wir gekommen waren.

We did it our way ...

Old love

Gegen Ende unserer Ausbildung als Nachwuchsmoderatorinnen erreichte uns wieder ein Castingaufruf von ratiopharm. Nina wurde richtig wütend.

»Du, ich sag dir eins«, hörte ich sie zu unserer Agentin sagen, »die kennen uns genau. Sie haben uns zwei Mal abgelehnt. Wir brauchen da nicht antanzen. Im Übrigen sind wir gar nicht mehr das *look-alike*, nach dem die suchen! Julia trägt ihr Haar lang und ich meines kurz.«

Eine Weile schwieg sie – vermutlich versuchte er, sie umzustimmen, und dann legte sie auf. Sie hatte nicht einmal gefragt, wo und wann das Casting stattfand.

Ich verstand sie.

Am nächsten Abend wartete eine neue Nachricht in unserem E-Mail-Posteingang.

»Wenn ihr nicht fahren könnt, nehmt doch einen kleinen Clip mit eurem Handy auf. Sie bieten diesmal auch ein E-Casting an.«

Unser Agent hatte das Storyboard gleich mitgeschickt. Während ich noch las, hatte Nina schon eine Idee.

Beworben würde ein Schmerzgel namens Diclofenac.

»Julia, ich hab die Rückenschmerzen, ja? Du weißt schon, ich kann das viel besser, dieses Schmerzgesicht! Und du listest die Wirkstoffe der Salbe auf.«

Wir waren ganz in unser Rollenspiel versunken, als Lisa bei uns hereinschaute.

»Na, was heckt ihr wieder aus?«

Nina und ich sahen uns an. Natürlich. Wir waren hier an der Moderatorenschule. Wir hatten alles, was wir brauchten: Kollegen, die uns helfen würden, Profikameras und Profilicht, ein voll funktionales Studio. Top-Equipment. Warum um alles in der Welt sollten wir ein Wackelkamera-Filmchen mit Ninas iPhone produzieren? Wenn wir schon drehten, würden wir es richtig tun.

»Sag mal, würdest du uns helfen?«, fragte Nina. »Wir drehen einen Clip fürs E-Casting von ratiopharm.«

Sofort war sie dabei. Genau wie Daniel.

Es wurde ein langer Abend in unserem Klassenraum. Eine Art Happening, verspielt, vergnügt. Daniel holte Scheinwerfer und leuchtete die Szene aus. Lisa machte die Kamerafrau. Wir lachten und probierten aus, eine Idee entzündete die andere. Nina und ich waren glücklich. Obwohl in der Masterclass Riesendruck herrschte, half man einander. Unter den Nachwuchsmoderatoren waren junge Schreiberlinge, Radiostimmen, Komiker und Blogger, Talkqueens und YouTube-Stars. Echte Originale. Freigeister. Jeder von uns wollte ganz vorne mitlaufen, bekannt werden. Aber niemand fuhr die Ellenbogen aus, um andere zu bremsen. Das war Fairplay, wie wir es nicht kannten. Ein kreativer, freier Raum.

Irgendwann steckte Frank Elstners Sohn Thomas den Kopf zur Tür herein. Erstaunt blickte er auf seine Armbanduhr.

»Was macht ihr denn hier? Ihr könntet längst zu Hause sein!«

Daniel strahlte.

»Wir drehen einen Castingclip für ratiopharm.«

Offenbar zufrieden mit der Antwort zog Thomas die Tür zu und ließ uns machen.

Gegen zwei Uhr in der Früh hatten wir den Film geschnitten, um drei Uhr ging er an das Castingteam von ratiopharm. Es gab sogar ein Outtake: Pleiten und Pannen während der Aufnahmen.

Nina wirft die Salbentube (schlecht – ihr Wurfarm war noch nie besonders stark), mit freundlich-lächelndem Gesicht, ich lächele auch – und greife in die Luft.

»Mann, pass doch mal auf!«, motzt meine Schwester.

Nichts Besonderes – typische Zwillingsszenen.

Am nächsten Morgen kam die Rückmeldung.

Ihr Lieben,
der Regisseur ist begeistert. Wenn Ihr Ort und Uhrzeit nennt, kommt er zu Euch zum Probedreh.

Ich weiß noch, dass ich es kaum glauben konnte. ratiopharm wollte uns wiedersehen? Nina hatte ihre eigene Erklärung für diesen Teilerfolg: Sie dachte, es würde an ihrem neuen Haarschnitt liegen.

»Mensch, das hätten wir uns denken können«, rief sie. »Gyde und Folke hatten doch auch immer einen kurzen Cut!«

Natürlich war das Unsinn, und doch auch wieder nicht. Meine Schwester und ich hatten uns verändert, und diese Veränderung würde den Ausschlag geben – nur war es keine äußerliche.

Die Produktionsfirma mietete ein Studio in Mitte an, unweit des Axel-Springer-Hauses. Eine Stunde drehten wir. Es lief wie von selbst. Meine Schwester und ich waren entspannt wie nie. Unser Gefühl war eindeutig: Die Entscheidung war bereits gefallen – und es täuschte nicht.

Die Zusage kam pronto, innerhalb von vierundzwanzig Stunden: »Mädels, Ihr habt den Job! Ihr seid die neuen ratiopharm-Gesichter«, rief unsere Agentin.

ratiopharm, das war nicht irgendein Job. Es war unser wahrgewordener Mädchentraum. ratiopharm war und ist die bekannteste Marke Deutschlands, das Medienbudget war enorm. Die Zwillingsspots liefen in den Werbepausen rauf und runter – ein Garant dafür, dass wir bekannt würden. Dinners, Galas, Firmenveranstaltungen. Ein Zwillings-Fulltime-Job. Endlich würden wir die Rolle unseres Lebens spielen dürfen.

Der Dreh war aufregend. Vierzehn Stunden, hundertfünfundzwanzig Mal die gleichen drei Sätze, in hundertfünfundzwanzig Tonfällen und Tempi, begleitet von hundertfünfundzwanzig Gesichtsausdrücken und Gefühlslagen.

Diclo-Schmerzgel – mit dem bewährten Wirkstock Diclofenac. Stoppt den Schmerz und bekämpft die Entzündung. Uuuuuuuund: Es ist günstig!

Zwillingsdrehs sind immer Rollenspiele: Du spielst mit dem Ich und mit dem Du, mit deinen Möglichkeiten und mit denen deiner Schwester. Ein spielerisches Aneinander-Abarbeiten und Austesten. Mal bist du die, die das Tempo vorgibt, die Entschiedene und Eindeutige, mal macht das dein Alter Ego. Da ist alles Ruf und Echo, *question and response*.

Alter Ego ist ein gutes Stichwort.

Seit Nina als Erste aus Mamas Bauch gezogen wurde, spielt sie die Ältere im Leben. Aber manchmal hab ich das Gefühl, als wäre all das Zufall. Wenn ich will, übernehme ich ein paar Stunden oder einen Tag lang ihren Part. Das fühlt sich ganz natürlich an. Wir kennen einander so gut, so in- und auswendig, dass wir uns nicht verstellen brauchen. Es ist wie deine andere Seite zeigen, sie endlich einmal ausspielen. Du bist dann jener Teil von dir, der sich verselbstständigt hat, als die eine Eizelle sich teilte und du dich so wundersam im Mutterleib verdoppelt hast. Wenn ich Nina spiele, vergesse ich das Nachdenken und Abwägen, lasse los, bin wie befreit. Auch, wenn ich sie bin, bin ich ich, wenn ich bei ihr bin, bin ich auch bei mir.

Jetzt wird es kompliziert. Ich klinge beinahe wie meine Schwester, von hinten durch die Brust ins Auge.

Im Grunde ist es einfach.

Eineiige Zwillinge verhalten sich zueinander wie zwei Seiten ein und derselben Medaille.

Bertolt Brecht spielte mit dem Thema, als er die Rolle der Anna – eines persönlichkeitsgestörten Mädchens – in seinem Ballett *Die sieben Todsünden der Spießbürger* 1976 mit den Kessler-Zwillingen besetzte.

»Wir sind nicht zwei Personen, sondern eine einzige«, lässt er eine der beiden Annas sagen. Stoff für ein Drama – oder für ein Lustspiel.

Während des Vierzehnstundendrehs von ratiopharm kam Frau Siebert auf uns zu.

»Ich kenne euch schon lange«, sagte sie freundlich. Sofort war da ein Bild. Ich sah sie in einem Überwachungsraum, Sie wissen schon, wie man sie aus Fernsehkrimis kennt. Ein Riesenanwesen, davor ein Bungalow mit fünfzig Bildschirmen. Sicherheitsbeamte trinken Kaffee, betrachten beiläufig, was sich an dieser, jener Ecke des Gebäudes tut, im Garten und bei der Einfahrt. In meiner Vorstellung saß Frau Siebert in einem solchen Raum voller Bildschirme, allwissend, und sah Deutschlands Zwillingspärchen sich entwickeln. Irgendwo, dritte Reihe links, sah man mich an meinem Schreibtisch in der Werbeagentur, den Bleistift hinterm Ohr, am Bildschirm gleich daneben Nina, mit sehnsuchtsvollem Blick, im Transitbereich des Flughafens.

Frau Siebert war die Anna Wintour der Medienbranche. Mächtig, klug und souverän.

Sie war die Werbegöttin, und sie hatte uns gesehen.

»Wollt ihr wissen, warum wir uns damals gegen euch entschieden haben?«, fragte sie.

Nicken, doppelköpfig.

»Ihr wart einfach zu jung. Zu lieb. Euch fehlte Ausstrahlung. Ihr wart ja noch im Werden.«

Frau Siebert hatte recht.

Kaum dass wir die Grundschule hinter uns gebracht hatten, wurden Nina und ich zwiespältig: Wir waren zwei, wir waren Zwillinge, wir waren stolz darauf und schämten uns dafür. Mama, Stefanie, die Mitazubis in der Werbeagentur und unsere Agenten: Immer wieder hatte man uns spüren lassen, dass wir doppelt schwer erträglich waren. Alles was wir wollten, war zusammen sein, und alles was die andern wollten, war, uns trennen.

Ich hatte das nie begriffen.

War falsch, was sich für uns so richtig anfühlte?

In unserer Angst, entzweit zu werden, hielten wir uns umso fester an den Händen, ließen uns kaum aus den Augen. Wenn eine nur zwei Meter weg ging, rief die andere: Bleib stehen!

Erst in Berlin, bei Springer, wurden wir erwachsen. Hier war alles gut, was dich besonders machte.

Das neunzehngeschossige, achtundsiebzig Meter hohe Axel-Springer-Hochhaus in Kreuzberg war unser Hogwarts, unsere

Zauberschule: ein geschützter Raum für junge Kreative. Alle waren mindestens so sonderbar wie wir! Das war ein Austoben und Ausprobieren, Scheitern, unverdrossen neu Ansetzen, erneut Scheitern. Nicht selten zerfiel eine scheinbar hieb- und stichfeste Story zu Staub, wenn einer von uns ihr voller Lust und Leidenschaft zu Leibe rückte. Talkgäste verwandelten sich von Prinzen und Prinzessinnen in Kröten, weil wir die falschen Fragen stellten. Einfälle, die uns genial erschienen waren, erwiesen sich als fulminante Rohrkrepierer. Ein Jahr lang fackelten wir ein Feuerwerk von Ideen ab, von denen allenfalls die Hälfte zündete. Wir übten uns darin, unsere Talente zu gebrauchen wie die Hogwarts-Schüler ihre widerspenstigen Zauberstäbe. Und wir liebten es. Unter der Elstner-Obhut haben Julia und ich uns wohlgefühlt.

Keiner sagte uns: Ihr müsst euch trennen.

Alle sagten: Macht was draus!

Diese Erfahrung hat uns stark gemacht.

Frau Siebert hatte den richtigen Moment abgepasst. Die ganzen Jahre über hatte ratiopharm auf uns gewartet wie ein geduldiger Bräutigam auf die, die ihm versprochen ist. Man hatte uns erwachsen werden lassen.

Manchmal lohnt es sich zu warten – nicht nur in der Liebe.

Alex und Alex

Ich war die Erste. Das ist ein äußerst ungewohnter Satz für mich, er fühlt sich fremd an, aber gar nicht übel, ganz im Gegenteil. Oft und gerne schicke ich meine Schwester vor, aber diesmal nicht. Diesmal darf ich sagen: Alex habe ich zuerst geliebt – ich meine, meinen Alex.

Meinen Schatz, meinen Einzigen, den Mann, dem ich seit drei Jahren verbunden bin. Nina und ich haben Alex nie »getestet«. Nie habe ich gefragt, ob er sich einen Dreier mit uns wünschen würde, nie habe ich Nina gebeten, an meiner Stelle anzurufen. Alex hat uns nie verwechselt. Er hat mich von Anfang an so gesehen, wie ich bin.

Während ich erzähle, wird mir warm uns Herz. Über meine große Liebe schreiben, ist gar nicht so einfach.

Nach einigen Enttäuschungen hatte ich mit Männern schon beinahe abgeschlossen, sie – ich gebe das ganz offen zu – als eher überflüssig empfunden. Bis ich meinen Alex traf. Wenn er mir nicht begegnet wäre, wäre ich bestimmt noch immer Single.

Alex arbeitet als Regisseur, und wenn er frei hat, schaut er ab und an Reality-TV, um zu entspannen. Er, der ständig Rollen zu besetzen hat und Geschichten auf die Leinwand bringt, sieht es gerne, wenn der Zufall Regisseur spielt. Reality-TV heißt ja, das Leben abbilden, anstatt es zu erfinden. Wie es der Zufall wollte – oder war es Schicksal –, sah er an einem Nachmittag *Auf und davon* – Nina und mein Kapstadt-Abenteuer.

Viel später hat er mir erklärt: »Das hat etwas in mir berührt, euch so zu sehen. Eure Nähe. Den Zusammenhalt. Und die Dynamik. Ich glaube, das ist, was wir Menschen suchen, und zugleich macht es uns Angst. Ihr beide lebt etwas ganz Unwahrscheinliches.«

Nach der Ausstrahlung der letzten Folge schrieb er mir zum ersten Mal. Ich war ihm als Facebook-Freundin vorgeschlagen worden, Sie wissen schon, »Julia Meise, fünfzehn gemeinsame Freunde«, und ohne lange nachzudenken, schickte er mir unbekannterweise Grüße.

Kennen Sie *E-Mail für Dich* mit Tom Hanks und der zauberhaften Meg Ryan in den Hauptrollen? Oder *Gut gegen Nordwind* – den modernen Briefroman in E-Mailform, der unzählige Leser überall auf dieser Erde fesselte?

Wir redeten und schrieben ganze Nächte durch, erzählten uns unser Leben, während Nina neben mir lag und schlief und träumte.

Irgendwann fuhr ich zu Alex nach München. Als ich zurückkam, waren wir ein Paar. Alex und meine Geschichte begann im Bereich der Vorstellung, mit Bildern und Worten, und wurde Wirklichkeit.

Nina hat uns damals sehr viel Zeit gelassen. Es vergingen Wochen, bis die beiden wichtigsten Menschen in meinem Leben sich kennenlernten. Das war im Hochsommer, auf einer Gartenparty in Rödermark. Schwüle Wärme, Cocktails, Grillgeruch und Bowle, Holzbänke und bunte Lampions in den Bäumen. Alex saß im Schatten einer Buche, während Nina inmitten der Partycrowd an einem rosa Cocktail nippte. Von Zeit zu Zeit lief sie zu ihm, in einer Hand ihr Glas, in der andren eine Wurstschnecke vom Grill.

»Alex, magst du eine Wurstschnecke?«, fragte sie. »Ich liebe Wurstschnecken.« Alex verneinte höflich und bestimmt – und blieb ernst, obwohl die Szene ihn belustigte. Die Wurstschnecke als Eisbrecher. Als der Mond längst über dem wilden Garten schien, die Schatten unter den Bäumen nachttief waren und die Stimmen wie gedämpft, als wir Tschüss sagten und heimfuhren, hatten mein Geliebter und mein Zwilling kaum ein Wort miteinander gewechselt – und doch waren sie Freunde.

Das ist mehr als drei Jahre her – und heute?

Heute ist Nina mit Alex zusammen.

Natürlich nicht mit meinem.

Mit ihrem Alex.

Das ist wirklich ziemlich crazy, diese Namensgleichheit. Sogar für uns Zwillinge.

Manchmal schreibt das Leben einfach die ungewöhnlichsten Geschichten. Und beschert uns romantische Zufälle, die als überzogen und konstruiert empfunden würden, wenn sie sich jemand ausdenken würde. So hat jede ihren Alex.

Während ich erzähle, spüre ich ihre Ungeduld. Sie hat mir eine ganze Weile zugehört, sie hat sich wirklich sehr zurückgenommen, obwohl sie hier und da gern etwas eingeworfen hätte, oder mich ein bisschen angetrieben. »Komm endlich zum Punkt, Julia« hätte sie gern gesagt, ach was, gerufen; die arme Nina hat jetzt wirklich lang den Mund gehalten.

Jetzt kommen wir zu ihrem Alex – und meine Schwester kommt wieder zu Wort. Aber bevor ich ihr das Staffelholz übergebe, sage ich ihr diesen kleinen Satz, der unbedingt hinauswill, ein Gefühl, das meiner Schwester gut vertraut sein muss: Nina, nichts für ungut, aber das mit Alex – das hast du mir nachgemacht!

Nina:

Das stimmt – und dann auch wieder nicht. Als ich meinen Alex zum ersten Mal gesehen habe, wusste ich ja noch nicht, dass er so hieß.

Julias Lovestory ist so schön und zart, die magst du nur mit Fingerspitzen anfassen. Meine ist noch ganz am Anfang. Ich bin glücklich – und ausnahmsweise fehlen mir die Worte, um dieses Gefühl zu fassen oder zu beschreiben. Jedem Anfang wohnt ein Zauber inne – und ja: ich bin verzaubert. Ja, ich bin verliebt.

Was aber bedeutet das für uns, für Julia, meinen Lieblingsmensch und mich?

Wir beide waren noch nie gleichzeitig verliebt – wenn man einmal von diesem einen Nachmittag am Tennisnetz in Niedernhausen absieht, als wir beide auf Sebastian flogen.

Das ist heute anders.

Alex und Alex sind die Männer, die wir lieben.

Zum ersten Mal in unser beider Leben sind wir gleichzeitig liiert. Die beiden Männer sind äußerst verschieden – und doch gibt es viele Gemeinsamkeiten. Julia und ich haben den Richtigen gefunden – die Richtigen, meine ich, Alex und Alex! Dass wir jetzt beide einen Alex haben, erscheint uns unwahrscheinlich, aber auch auf eine ganz bestimmte Art und Weise stimmig – es entspricht eben der Zwillingslogik!

Wir haben lange überlegt, ob wir den Männern wirklich einen solchen Ehrenplatz einräumen wollen. (Verzeiht, Ihr Lieben, Alex und Alex, aber in unserer Zwillingswelt spielten Männer immer eher Nebenrollen. Da ging es um Bündnisse, die über das Begehren weit hinausgehen, die *wirklich* unverbrüchlich sind. Dass Ihr beide auf den letzten Seiten auftaucht, hat natürlich auch mit uns zu tun, mit meiner lieben Zwillingsschwester und mit mir.)

Dass es uns heute möglich ist, zwei Männer mit hereinzulassen in unseren Zwillingskosmos, ist die schönste Form von Offenheit, die ich mir denken kann.

Julia und ich werden uns nie trennen. Eine Trennung ist unmöglich und undenkbar, viel zu fest ist unser Band geknüpft – sei es durch Zufall, Schicksal oder gemeinsame Erfahrungen.

In den vergangenen Jahren haben wir beide viel gelernt. Auf Events und Galas ist mein Schwesterherz inzwischen so gelöst und ungezwungen, dass ich sie bewundere. Und ich, für mich, habe gelernt, auch mal zu schweigen. Damals, in Niederseelbach, waren unsere Rollen festgelegt. Ich ging vor, sie trottete mir nach, nicht selten widerwillig. Heute gehen wir Seite an Seite, Hand in Hand.

Jede Form von Partnerschaft – sei sie freundschaftlich, platonisch oder sexuell, homo- oder heteroerotisch, beruflich oder freizeitlich geprägt, sei es Geschwisterliebe oder Seelenverwandtschaft – braucht Freiheit. Offenheit und Spielräume. Es geht in Beziehungen nicht um Ja oder Nein, um Ich oder Du, um Heute oder Morgen. Es geht um bedingungslose Liebe. Um eine Liebe, die nicht an Auflagen oder Vorbehalte geknüpft ist. Um Liebe, die freilässt. Wer liebt, ist sich seiner selbst gewiss. Er kennt und achtet sich – genau wie jenen Menschen, den er liebt. Wenn einer dem anderen den Platz wegnimmt oder den Weg versperrt, wird es eng in Partnerschaften.

Julia und ich haben unseren Weg gefunden. Jede ist bei sich, zugleich sind wir zusammen. Keine von uns weiß zu sagen, wohin unser Weg uns führt, aber dass es zweisam weitergeht, das ist gewiss.

Licht und Luft

Verdutzt betrachteten wir die Einladung aus handgeschöpftem Papier, die Julia aus dem Briefkasten gefischt hatte. Mama lud uns zu einem runden Geburtstag ein. In ein Fischerdorf in Belgien, über die Ostertage. Das alles war ganz schön verwirrend.

»Sowas.« Julia schüttelte den Kopf.

Auch ich war ratlos.

Wir hatten die vergangenen Monate damit verbracht, uns für dieses Buch zu erinnern. Wir hatten darin von den Jahren in Niederseelbach erzählt, und die Erinnerung war aufgeflackert, sie flackerte noch immer, Flashbacks, Szenen und Momentaufnahmen. Wir hatten erwähnt, dass es bei uns kein Abendbrot im klassischen Sinn gab, und dass für uns das Familienleben unserer Freundinnen wie eine fremde Welt gewesen war. Wir hatten nicht gesagt: Noch nie im Leben haben wir Mamas Geburtstag feierlich begangen oder sind mit ihr verreist. Aber so war es.

Und heute – über zwanzig Jahre später – lud Mama uns ein. Wir sollten ihre Gäste sein, wir sollten um einen Tisch sitzen und einander zuprosten, und was den Leuten sonst noch einfiel, wenn sie runde Geburtstage zum Anlass für Familientreffen nahmen.

Am nächsten Morgen – das Frühjahr zeigte uns die kalte Schulter und Julia hatte uns beiden ein Glas heißes Ingwerwasser eingegossen – , verkündete ich, was die Nacht mir eingeflüstert hatte: »Ganz bestimmt komm ich nicht mit!«

Julia sah mich an und schwieg. Dann sagte sie etwas, das beinahe so erstaunlich war, wie jenes fremde Objekt, die Geburtstagseinladung, die aufgeklappt auf unserem Esstisch stand: »Wenn Du nicht fährst, dann fahre ich alleine.«

Jetzt war es an mir zu schweigen. So etwas hatte meine Schwester ja noch nie gesagt. Ich fand es beinahe frech.

»Du willst alleine fahren?«, fragte ich. »Aber warum?«

»Mama feiert einen runden Geburtstag, und wir beide sind nicht da? Ihre beiden Töchter? Das wäre so schade.«

Julia und ich zauderten noch ein paar Tage, dann sagten wir zu. Auch Alex – Julias Alex – war eingeladen, er würde uns begleiten.

An einem trüben Freitagmorgen stiegen wir ins Auto, fahrn, fahrn, auf der Autobahn, Julia setzte sich nach vorne, ich nahm auf dem Rücksitz Platz, und Alex startete den Motor. Wir redeten achthundert Kilometer lang. Während sich die Landschaft vor den Fenstern veränderte, erzählten wir einander unsere Kindheit. Kurz vor De Haan überraschte uns ein starker Regenguss. Der Regen trommelte gegen die Windschutzscheibe und die Seitenfenster, von der Küste kam ein starker Wind und ich dachte kurz daran, das Leselicht anzuknipsen, so dunkel war es jetzt im Wageninneren. Das Geräusch des Regens war dermaßen laut, dass wir verstummten.

Als Alex vor dem Hotel parkte, war das Unwetter vorbei. Der Himmel war bewegt, die Wolkendecke war aufgerissen, Mama stand vor dem Hoteleingang und strahlte.

Der Tag, an dem Mama Geburtstag hatte, ist ganz klar umrissen. Wir waren alle da: Mama, ihr Lebenspartner und sein Sohn, Julia, ich und Alex.

Es gibt ein Bild von diesem Abend. Es ist auf der Strandpromenade entstanden, an deren Ende das kleine Fischrestaurant auf uns wartete, dampfende Teller mit fangfrischer Dorade und fruchtigem Weißwein aus langstieligen Gläsern. Auf dem Bild steht Mama zwischen uns, sie hat beide Hände geöffnet, als würde sie uns etwas erklären oder zeigen wollen. Es ist eine offene, zugewandte Geste.

Während des Essens redeten wir nicht besonders viel. Wir saßen direkt an der tiefen Fensterfront, und über der See ging die Sonne unter. Tagsüber war ein rauer Wind gegangen und das Meer war sehr bewegt gewesen, jetzt lag es still und tiefblau vor uns.

»Was für ein schönes Licht«, bemerkte Julia. »Sieh doch mal, alles ist wie weichgezeichnet.«

Meine Schwester und ich haben viele innere und äußere Hindernisse überwunden. Berlin und Kapstadt kosteten uns Überwindung, die Selbstständigkeit und auch der Moment, als wir den Buchvertrag mit unseren Namen unterzeichneten.

Dieses Buch zu schreiben war wie in der Zeit zu reisen. Wir erlebten alle Abenteuer noch einmal, wir bereisten alle Orte wieder, die wir kannten, und wir begegneten den Menschen neu, die für uns wichtig waren.

Beim Erzählen übernahm meine Schwester wie selbstverständlich ihren alten Part: Sie war die Sorgenvolle, ich die Unbekümmerte. Ich preschte vor und sie kam hinterher.

In dieser Episode ist es anders. Julia war die, die voranging. Sie sagte: »Ich fahre auch alleine, Nina.«

Und ich folgte ihr.

Unsere Nordseereise kostete uns beide Überwindung. Mama auch, nehme ich an. Wie gut, dass meine Schwester mutig war. Das Licht in dem kleinen Fischerdorf war sehr besonders, nicht so gleißend wie in Kapstadt, aber mindestens so schön. Mama, Julia und ich haben überraschend einen neuen Ort gefunden, einen neuen, luftigen und lichten Raum, *out of Niederseelbach*.

Manchmal sind es kleine Schritte, die uns weiterbringen.

Nachwort

Kürzlich lasen wir auf *Spiegel Online* einen Artikel zum Thema Narzissmus. Darüber prangte provokant die Überschrift: »Die größte Liebe unseres Lebens«.

Narzissmus sei das Schimpfwort der Stunde, erfuhren wir, er gelte als »die Leitneurose unserer Gesellschaft«. Sie durchdringt alle Bereiche, findet sich unter Politikern und Verbrechern, unter Sportlern und Staatsbediensteten.

Narzissten wirken abschreckend, aber auch anziehend auf ihre Mitmenschen. Um sie her kann niemand gleichberechtigt bestehen. Statt Verbündeter scharen sie Zuarbeiter und Claqueure um sich, Bewunderer und Schmeichler. Kritiker werden übersehen, wenn nicht gar verachtet. Es gibt keine Begegnungen auf Augenhöhe. Narzissten sind oft mächtig, skrupellos. Sie baden in Überheblichkeit und Ignoranz und sind – eine logische Folge ihrer Haltung – sehr allein.

Julia und ich wurden hellhörig. Griff Narzissmus – eine egoistische Form der Ichbezogenheit – wie eine Krankheit um sich? War der Einsatz von Ellenbogen zwar verpönt, aber verbreitet, als eine Möglichkeit voranzukommen? Hauptsache höher, schneller, weiter? Und wie standen wir, als Zwillinge, zu einer solchen Entwicklung?

Was hatte es mit diesem Begriff auf sich, der Tausende von Jahren alt war und heute noch polarisierte? Der eine unbestimmte Angst weckte und scheinbar doch auf manche Menschen einen Reiz ausübte?

»Narziss« ist eine Figur aus der antiken Mythologie: jener schöne Jüngling, der sich in sein Spiegelbild verliebt und jämmerlich an dieser Selbstliebe zugrunde geht. Seine Geschichte ist zutiefst menschlich, zugleich zeitlos und sehr zeitgemäß.

Narziss ist weder umsichtig noch hilfsbereit; weil er nur sich selber sieht, verliert er den Kontakt zu allen anderen. Aber Julia und mir tat er furchtbar leid. Er berührte unsere Zwillingsseele.

Mythische Bilder haben große Kraft. Lassen Sie uns jüngere daneben stellen. Bilder, die von einem Anfang sprechen, und die hier gut aufgehoben sind, am Ende unserer Geschichte.

Erinnern Sie sich an die beiden kleinen Kosmonauten? An die merkwürdige Tatsache, dass ein Zwilling schon im Mutterleib die Händchen nach dem anderen ausstreckt, dass er sein Geschwisterkind bald öfter als sich selbst berührt? Seine Augen sind geschlossen – und doch sieht er gewissermaßen erst den anderen, spürt erst zum anderen hin, entdeckt ihn lange vor sich selbst. Die Videoaufnahmen, die diesen Erstkontakt unter Zwillingen belegt, ist für uns betörend schön. Ja, sie ist die schönste Bilderstrecke überhaupt. Diese körnigen Schwarz-Weiß-Aufnahmen sind tausendmal schöner als die kunstvollsten Editorials der Modewelt.

Die beiden kleinen Wesen, die man erst auf den zweiten Blick erkennt, sind noch nicht von dieser Welt. Sie wissen nichts, erst recht nicht, was sie dort erwartet. Und trotzdem zeigen sie uns etwas Wichtiges.

Was wäre, wenn jeder Mensch zunächst den anderen ansehen würde? Wenn das Begreifen des anderen, so fremd er uns erscheinen mag, an erster Stelle käme? Wenn wir öfter die Hände ausstrecken, um einander zu berühren?

Julia und ich haben gelernt, auch mal allein zu sein. Und wir glauben fest daran, dass viele junge Menschen heute lernen können, sich zu verbünden und einander zu vertrauen. Sei es im beruflichen oder privaten Umfeld, unter Freunden, Familienangehörigen oder Kollegen.

Das Glück wartet nicht im Spiegel auf uns, sondern in den Blicken jener Menschen, die uns wichtig sind. Das Glück wartet auf Augenhöhe.

Narziss ist so alleine. Schenken wir ihm einen Zwilling.

Our Twin Life: Read on

- **Welche von euch beiden ist die ältere?**
  Nina ist die ältere, circa zwei Sekunden. Wir kamen per Kaiserschnitt zur Welt, und das ging zack, zack. Aber diese zwei Sekunden merken wir jeden Tag. Julia findet, man würde Nina ansehen, dass sie zwei Sekunden älter ist – und Nina findet, man merkt die zwei Sekunden nur an ihrem reiferen Verhalten.

- **Wann wurdet ihr zum letzten Mal verwechselt?**
  Julia: Ich war im Frühjahr mit meinem Freund eine Woche im Urlaub auf Mallorca. Nina fuhr eine Woche später in dasselbe Hotel, mit ihrem Freund. Schon beim Einchecken spürte sie die skeptischen Blicke des Hotelpersonals. Natürlich wusste meine Schwester gleich, was diese Leute dachten: ein und dieselbe Frau, einmal mit dem einen Typen und eine Woche später mit nem anderen.

- **Werdet ihr oft verwechselt?**
  Ja, wir werden sehr oft verwechselt. Aber wir freuen uns jedes Mal, denn schließlich basiert unser Geschäftsmodell darauf. Den meisten Menschen ist es sehr unangenehm und peinlich, aber wir nehmen das ganz locker.

- **Streitet ihr euch auch mal?**
  Ja, das bleibt auch bei uns nicht aus. Das ist dann ziemlich heftig und im nächsten Moment auch schon wieder vergessen. Es ist ähnlich wie bei einem Ehepaar, meist streiten wir über Banalitäten. Manchmal sind wir uns aber auch in

grundlegenden und wichtigen Dingen nicht einig, dann diskutieren wir sehr ausgiebig.

- **Hat euch das Verwechslungsspiel schon mal geholfen?**
Immer wieder. Als wir mal wieder etwas zu schnell unterwegs waren, wurden wir auf der Autobahn geblitzt. Als der Anhörungsbogen kam, fiel es uns unglücklicherweise schwer, auf dem unscharfen Bild zu erkennen, wer von uns beiden am Steuer saß. Es war geradezu unmöglich! Daraufhin wurden wir ins Polizeipräsidium geladen zur Gegenüberstellung. Der Polizeibeamte beäugte uns kritisch, hielt das Foto neben unsere beiden Gesichter und kreuzte dann, etwas mürrisch, an: nicht feststellbar.

- **Unterscheiden sich eure Geschmäcker? Und worin?**
Ja sehr. Unsere Geschmäcker sind ganz schön gegensätzlich. Julia isst gerne süß, Nina gerne herzhaft. Julia trinkt Wasser ohne Sprudel, Nina mit.

- **Weiß eine immer, was die andere denkt und fühlt?**
Wir sehen uns immer gegenseitig an, wie es der anderen geht. Dafür braucht es keine Worte, dafür reicht ein Blick. Wenn wir getrennt voneinander unterwegs sind, spüren wir das nicht, dafür braucht es schon einen Anruf.
Der Klang der Stimme verrät dann augenblicklich, wie es der Zwillingsschwester geht.

- **Woran kann man euch beide unterscheiden?**
Äußerlich gibt es wenige Merkmale, an denen man uns unterscheiden kann. Julia hat links neben dem Mund ein Mut-

termal. Ninas Muttermal ist etwas weiter unten Richtung Hals. Charakterlich kann man uns sehr gut unterscheiden. Nina ist im Zweifel immer die, die gerade redet, und Julia die, die gerade schweigt.

- **Wünscht ihr euch Zwillinge?**
  Ja, auf jeden Fall. Das wäre der Hammer. Wir würden unseren Zwillingen von Anfang an mit auf den Weg geben, dass es etwas ganz Besonderes ist, mit dem Seelenverwandten zur Welt zu kommen.

- **Ein prominentes Zwillingspaar, das ihr bewundert?**
  Wir bewundern die Kessler-Zwillinge sehr. Nicht nur ihre Weltkarriere ist beeindruckend, sondern auch die Art und Weise, wie sie zu zweit durchs Leben gegangen sind. Für uns sind die beiden ein absolutes Vorbild und wir würden uns sehr freuen, sie mal persönlich kennenzulernen.

- **Wie viele Tage im Jahr verbringt ihr zusammen, und wie viele getrennt voneinander?**
  Von zweiundfünfzig Wochen im Jahr verbringen wir ungefähr acht Wochen getrennt voneinander.

- **Steht ihr auf den gleichen Männertyp?**
  Wir stehen grundsätzlich auf verschiedene Männer. Julia mag eher Künstler und Nina Zahlentypen. Wir sind uns noch nie in die Quere gekommen, abgesehen von dem einen Mal auf dem Tennisplatz. Wir sind sehr dankbar, dass die Natur das so eingerichtet hat.

- **Was bedeutet für euch Zwillingsein?**
Zwillingsein ist für uns ein Sechser in der Naturlotterie. Du kommst mit einem *soulmate* zur Welt, mit einem Verbündeten, den andere sehr lange suchen. Dadurch können wir sehr viel unbeschwerter und freier durchs Leben gehen.

- **Verändert das Zwillingssein eure Haltung gegenüber dem Leben, und wenn ja, wie?**
Wir sehen das Leben anders, nicht zuletzt, weil wir es durch vier Augen sehen. Wir gehen sehr spielerisch und unbedarft durchs Leben, sehen es als großes Geschenk und Abenteuer, und nehmen es und uns selbst nicht immer allzu ernst. Anders als unsere Eltern, die das Leben immer auch als Anstrengung empfunden haben, denen es immer wichtig war »zu funktionieren«. Wir haben keinen Druck, uns anzupassen oder uns in Gruppen zu integrieren. Das empfinden wir als große Freiheit. Da wir ein Lebens-Back-up haben, jemanden, der immer für einen da ist und immer zu einem hält, sind wir mit einer doppelten Portion Lebensfreude und Leichtigkeit ausgestattet. Dafür sind wir dankbar.

- **Was könnt ihr von Nichtzwillingen lernen?**
Nina: Manchmal gibt es Situationen, in denen wir alleine bestehen müssen – und es auch dürfen. Kürzlich hat man uns für eine Doppel-Moderation angefragt. Weil Julia keine Zeit hatte, lehnte ich ab. »Warum machst du es denn dann nicht alleine?«, erkundigte sich meine Agentin, und erst in diesem Augenblick begriff ich, dass es diese Möglichkeit überhaupt gab. Ich habe sie genutzt, und es wurde ein toller, aufregender Abend.

- **Was können Nichtzwillinge von euch lernen?**

Durch unser Zwillingsdasein haben wir automatisch gelernt, Rücksicht zu nehmen, und wir können Bedürfnisse anderer besser und schneller erkennen. Dadurch, dass wir einander ständig spiegeln, sind wir sehr kritikfähig. Wir haben von der ersten Sekunde an gelernt zu teilen und als Team durchs Leben zu gehen. Und wir sind gern unter Menschen – ohne dass wir Bewunderung oder Bestätigung suchen würden –, einfach um der Gemeinschaft und der Gemeinsamkeit willen. Nichtzwillinge müssen ihr eigener Zwilling sein, d. h. sich immer wieder selbst spiegeln. Sich die Zeit nehmen, in sich zu gehen, vielleicht sogar vor einem Spiegel und sich fragen stellen wie:
- Bin ich noch auf dem richtigen Weg?
- Mag ich mich selbst?
- Hätte ich mich selbst gerne zum Freund?
- Tun mir meine Freunde gut?
- Bin ich mit meiner Lebenssituation zufrieden?

Beim Beantworten dieser Fragen sollte man sehr ehrlich zu sich sein und keine Angst haben vor Veränderung. Angst entsteht im Kopf, Mut auch!

P.S.: Wir würden uns sehr freuen, wenn Sie die Meisen auf Reisen weiter begleiten würden.

Unsere Facebook-Seite:
Meise Zwillinge

Unsere Profile:
Nina Meise
Julia Meise

Instagram:
meisetwins

Und noch unsere Internetseite: www.meisezwillinge.de
Abonniert unsere Facebook Profile: Nina Meise, Julia Meise